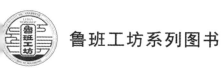

鲁班工坊系列图书

跨境电商基础

张彤　朱乐　主编

天津社会科学院出版社

图书在版编目(CIP)数据

跨境电商基础 / 张彤, 朱乐主编. —— 天津：天津
社会科学院出版社, 2021.6
ISBN 978-7-5563-0736-4

Ⅰ.①跨… Ⅱ.①张… ②朱… Ⅲ.①电子商务–基
本知识 Ⅳ.①F713.36

中国版本图书馆 CIP 数据核字(2021)第 120446 号

跨境电商基础
KUAJING DIANSHANG JICHU

出版发行：天津社会科学院出版社
地　　址：天津市南开区迎水道 7 号
邮　　编：300191
电话/传真：(022)23360165(总编室)
　　　　　　(022)23075303(发行科)
网　　址：www.tass-tj.org.cn
印　　刷：天津午阳印刷股份有限公司

开　　本：787×1092 毫米　1/16
印　　张：11
字　　数：190 千字
版　　次：2021 年 6 月第 1 版　2021 年 6 月第 1 次印刷
定　　价：68.00 元

目　　录

模块一　互联网及跨境电子商务的发展

学习目标

知识目标：通过对跨境电子商务发展背景的学习，使学生掌握跨境电子商务发展的发展脉络，掌握跨境电子商务的基础知识；通过对跨境电子商务在我国发展分析，了解跨境电子商务对传统贸易的影响。

能力目标：掌握互联网知识，能进行移动电商分类，了解中国国际贸易受到跨境电子商务的影响。

随着互联网建设速度的加快和移动互联网、大数据、云计算等技术的应用，跨境电子商务在全球范围内迅猛发展。

2020 年 4 月中华人民共和国国务院新闻办公室新闻发布会上提到，跨境电商作为互联网时代发展最为迅猛的贸易方式，能够减少中间环节，突破时空限制，以现代化方式解决供需双方信息不对称的问题，更多国家、企业、个人能够参与到经济全球化大潮中来，获得新的发展机遇。

中华人民共和国商务部在会上表示，自 2015 年起中华人民共和国国务院已分四批设立 59 个跨境电商综试区，商务部会同各部门和各地方，探索建立起以"六体系两平台"为核心的政策体系，面向全国复制推广了 12 方面 36 项成熟经验和创新做法，推动跨境电商规模持续快速增长。"2019 年，我国跨境电商零售进出口额达到了 1862.1 亿元人民币，是 2015 年的 5 倍，年均增速 49.5%，综合试验区在国际贸易发展中的作用也日益凸显"。

由于 2020 年传统国际贸易行业受到疫情严重的冲击，需要进一步发挥跨境电商独特的优势，开展在线营销，实现在线交易，保订单、保市场、保份额，以新业态、新模式助力国际贸易攻坚克难。2020年4月7日,国务院决定新设46个综合试验区,加上已经批准的59个,全国将有105个综合试验区,已经覆盖了30个省、自治区、直辖市,形成了陆海内外联动,东西双向互济的发展格局。"综试区将继续通过开展先行先试,并适用跨境电商零售出口税收、零售进口监管等政策措施"。

跨境电子商务是指分属不同关境的交易主体,通过电子商务平台达成交易、进行支付结算,并通过跨境物流送达商品、完成交易的一种国际商业活动。跨境电商提供了卖家和买家的最短路径连接,为最快速度促成成交提供了现实可能性。

作为世界经济新的增长点,跨境电子商务是通过网络与信息技术将跨境商务活动中的物流、信息流、资金流等资源融合在一起的商务活动。本章主要介绍跨境电子商务发展的相关背景。

在国际贸易中广泛使用的电话、传真和计算机、计算机网络、Internet互联网等交流方式都可以看成是信息技术的运用,但真正影响跨境电子商务的信息技术主要是计算机网络、互联网以及近几年出现的移动互联网。

项目一　国际互联网的发展

20 世纪 90 年代,互联网技术开始广泛应用,1997 年,互联网的普及意味着电子商务时代的真正到来。

一、什么是互联网

Internet 中文翻译为互联网,又叫国际互联网。它是由众多的计算机网络互连组成,主要采用 TCP/IP 协议组,由众多路由器通过电信传输网连接而成的一个世界性范围信息资源网,即由那些使用公用语言互相通信的计算机连接而成的全球网络。一旦个人终端连接到它的任何一个节点上,就意味着终端的计算机已经连入互联网。目前,互联网的用户已经遍及全球,有超过几十亿人在使用,并且它的用户数还在飞速上升。

二、互联网的发展历程

1946 年世界上第一台电子计算机问世后,在最初的三十多年中,由于价格很昂贵,电脑数量极少,早期所谓的计算机网络主要是为了解决这一矛盾而产生的。其形式是将一台计算机经过通信线路与若干台终端直接连接,我们也可以把这种方式看作最简单的局域网雏形。

最早的网络是由美国国防部高级研究计划局(ARPA)建立的。现代计算机网络的许多概念和方法都来自 ARPAnet(阿帕网),如分组交换技术。ARPAnet 不仅进行了租用线互联的分组交换技术研究,而且做了无线、卫星网的分组交换技术研究,其结果导致了 TCP/IP 问世。

1977 年至 1979 年,ARPAnet 推出了如今形式的 TCP/IP 体系结构和协议。

1980 年前后,ARPAnet 上的所有计算机开始了 TCP/IP 协议的转换工作,并以 ARPAnet 为主干网建立了初期的互联网。

1983 年，ARPAnet 的全部计算机完成了向 TCP/IP 的转换，并在 UNIX（BSD4.1）上实现了 TCP/IPO。ARPAnet 在技术上最大的贡献就是 TCP/IP 协议的开发和应用。同年，两个著名的科学教育网 CSNET 和 BITNET 先后建立。

1984 年，美国国家科学基金会 NSF 规划建立了 13 个国家超级计算中心及国家教育科技网，随后替代了 ARPAnet 的骨干地位。

1988 年互联网开始对外开放。

1991 年 6 月，在联通互联网的计算机中，商业用户首次超过了学术界用户，这是互联网发展史上的一个里程碑，从此互联网的成长速度一发不可收拾。21 世纪，网络平台应用于电子商务领域。网络商家逐渐成为一种新的潮流。

三、互联网基本技术

(一)IP 地址

所谓 IP 地址就是给每个连接在互联网上的主机分配的一个 32bit（比特）地址。按照 TCP/IP 协议规定，IP 地址用二进制来表示，每个 IP 地址长 32bit（比特）换算成字节，就是 4 个字节。

依靠 TCP/IP 协议，互联网在全球范围内实现不同硬件结构、不同操作系统、不同网络系统的互联。在互联网上，每一个节点都依靠唯一的 IP 地址互相区分和相互联系。IP 地址是一个 32 位二进制数的地址，由 4 个 8 位字段组成，每个字段之间用点号隔开，用于标识 TCP/IP 宿主机。

每个 IP 地址都包含两部分：网络 ID 和主机 ID。整个互联网上的每台计算机都依靠各自唯一的 IP 地址来标识。

IP 地址构成了整个互联网的基础，它是如此重要，每一台联网的计算机无权自行设定 IP 地址，有一个统一的机构——IANA 负责对申请的组织分配唯一的网络 ID，而该组织可以对自己的网络中的每一个主机分配一个唯一的主机 ID，正如一个单位无权决定自己在所属城市的街道名称和门牌号，但可以自主决定本单位内部的各个办公室编号一样。

（二）TCP/IP 协议

TCP/IP 为 Transmission Control Protocol/Internet Protocol 的简称,中文翻译为传输控制协议/互联网互联协议,又名网络通信协议,是互联网最基本的协议、国际互联网络的基础,由网络层的 IP 协议和传输层的 TCP 协议组成。

TCP/IP 定义了电子设备如何连入互联网以及数据如何在它们之间传输的标准。协议采用了应用层、传输层、网络层、网际接口层 4 层的层级结构,每一层都呼叫它的下一层所提供的网络来完成自己的需求。通俗而言,TCP 负责发现传输的问题,一有问题就发出信号,要求重新传输,直到所有数据安全正确地传输到目的地。而 IP 是给互联网的每一台电脑规定一个地址。

TCP/IP 协议的基本传输单位是数据包(Datagram) TCP 协议负责把数据分成若干个数据包,并给每个数据包加上包头;IP 协议在每个包头上再加上接收端主机地址,这样数据找到自己要去的地方。如果传输过程中出现数据丢失、数据失真等情况,TCP 协议会自动要求数据重新传输,并重新组包。总之,IP 协议保证数据的传输,TCP 协议保证数据传输的质量。

（三）域名和域名解析

域名解析是把域名指向网站空间 IP,让人们通过注册的域名可以方便地访问到网站的一种服务。域名解析也叫域名指向、服务器设置、域名配置以及反向 IP 登记等。简单而言就是将好记的域名解析成 IP,服务由 DNS 服务器完成,是把域名解析到一个 IP 地址,然后在此 IP 地址的主机上将一个子目录与域名绑定。

（四）IP 地址

1. IP 地址的概念

IP 地址是分配给 IP 网络每台机器的数字标识符,它指出了设备在网络中的具体位置。IP 地址是软件地址,而不是硬件地址。硬件地址被编码到网络接口卡里,用于在本地网络中寻找主机

IP 地址长 32 位,这些位被划分为 4 组(称为字节或八位组),每组 8 位。有三种方式表示:

(1)点分十进制表示,例如,172.34.56.135

(2)二进制,例如,10100000.11100101.00000000.00011000

(3)十六进制,例如,AC.10.1D.38

2. IPv4

IPv4 是"Internet Protocol version 4"(互联网通信协议第 4 版)的缩写,是网际协议开发过程中的第 4 个修订版本,也是此协议第一个被广泛部署的版本。IPv4 是互联网的核心,也是使用最广泛的网际协议版本,其后继版本为 IPv6。

IPv4 的分类:

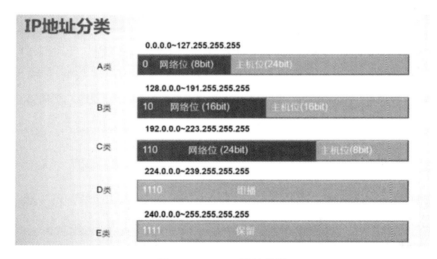

图 1-1-1 IP 地址分类

直到 2011 年,IANA IPv4 位址完全用尽时,IPv6 仍处在部署的初期。

IPv4 在 IETF 国际互联网工程任务组(The Internet Engineering Task Force)于 1981 年 9 月发布的 RFC791 中被描述,此 RFC(Request For Comments,一系列以编号排定的文件)替换了于 1980 年 1 月发布的 RFC760。

IPv4 是一种无连接的协议,操作在使用分组交换的链路层(如以太网)上。此协议会尽最大努力交付数据包,即它不保证任何数据包均能送达目的地,也不保证所有数据包均按照正确的顺序无重复地到达。这些方面是由上层的传输协议(如传输控制协议)处理的。

2019 年 11 月 26 日,全球所有 43 亿个 IPv4 地址已分配完毕,这意味着没有更多的 IPv4 地址可以分配给 ISP 和其他大型网络基础设施提供商。

3. IPv6

IPv6 是英文"Internet Protocol Version 6"(互联网协议第 6 版)的缩写,是 IETF 设计的用于替代 IPv4 的下一代 IP 协议,其地址数量号称可以为全世界的每一粒沙子编上一个地址。

由于 IPv4 最大的问题在于网络地址资源有限,严重制约了互联网的应用和发展。IPv6 的使用,不仅能解决网络地址资源数量的问题,而且也解决了多种接入设备连入互联网的障碍。

互联网数字分配机构(IANA)在 2016 年已向 IETF 提出建议,要求新制定的国际互联网标准只支持 IPv6,不再兼容 IPv4。

IPv6 协议主要定义了三种地址类型:单播地址(Unicast Address)、组播地址(Multicast Address)和任播地址(Anycast Address)。与原来在 IPv4 地址相比,新增了"任播地址"类型,取消了原来 IPv4 地址中的广播地址,因为在 IPv6 中的广播功能是通过组播来完成的。

单播地址:用来唯一标识一个接口,类似于 IPv4 中的单播地址。发送到单播地址的数据报文将被传送给此地址所标识的一个接口。

组播地址:用来标识一组接口(通常这组接口属于不同的节点),类似于 IPv4 中的组播地址。发送到组播地址的数据报文被传送给此地址所标识的所有接口。

任播地址:用来标识一组接口(通常这组接口属于不同的节点)。发送到任播地址的数据报文被传送给此地址所标识的一组接口中距离源节点最近(根据使用的路由协议进行度量)的一个接口。

IPV6 的优势

(1)扩展了路由和寻址的能力

IPv6 把 IP 地址由 32 位增加到 128 位,从而能够支持更大的地址空间,估计在地球表面每平方米有 4×1018 个 IPv6 地址,使 IP 地址在可预见的将来不会用完。IPv6 地址的编码采用类似于 CIDR(无类别域间路由)的分层分级结构。简化路由,加快了路由速度。在多点传播地址中增加了一个"范围"域,从而使多点传播不仅仅局限在子网内,可以横跨不同的子网,不同的局域网。

(2)报头格式的简化

IPv4 报头格式中一些冗余的域或被丢弃或被列为扩展报头,从而降低了包处理和报头带宽的开销。虽然 IPv6 的地址是 IPv4 地址的 4 倍。但报头却是它的 2 倍。

(3)对可选项更大的支持

IPv6 的可选项不放入报头,而是放在一个个独立的扩展头部,如果不指定路由器不会打开处理扩展头部,大大改变了路由性能。IPv6 放宽了对可选项长度的严格要求(IPv4 的可选项总长最多为 40 字节),并可根据需要随时引入新选项。IPV6 的很多新的特点就是由选项来提供的,如对 IP 层安全(IPSEC)的支持,对巨报(jumbogram)的支持以及对 IP 层漫游(Mobile – IP)的支持等。

(4)QoS(服务质量)的功能

因特网不仅可以提供各种信息,缩短人们的距离,还可以进行网上娱乐。在 IPv6 的头部,有两个相应的优先权和流标识字段,允许把数据报指定为某一信息流的组成部分,并可对这些数据报进行流量控制。如对于实时通信即使所有分组都丢失也要保持恒速,所以优先权最高,而一个新闻分组延迟几秒钟也没什么感觉,所以其优先权较低。IPv6 指定这两字段是每一 IPv6 节点都必须实现的。

(5)身份验证和保密

在 IPv6 中加入了关于身份验证、数据一致性和保密性的内容。

(6)安全机制

IPSec 是必选的,IPv4 的是可选的或者是需要付费支持的。

(7)加强了对移动设备的支持

IPv6 在设计之初具有支持移动设备的思想,允许移动终端在切换接入点时保留相同的 IP 地址。

(8)支持无状态自动地址配置

简化了地址配置的过程,无须 DNS(域名系统)服务器也可完成地址的配置,路由广播地址前缀,各主机根据自己 MAC 地址和收到的地址前缀生成可聚合全球单播地址,这也方便了某一区域内的主机同时更换 IP 地址前缀。

谈到速度,关于 IPv4 和 IPv6 的工作原理有不同的理论。IPv6 具有更简化的路由。但是,IPv6 的可用路由器可能较少,这可能导致更大的跳数和可能的延迟问题。大多数用户不会认识到这些问题,因为所涉及的延迟非常小。

考虑到这一点,IPv6 是"互联网的未来"。最终,IPv4 系统很可能会被逐步淘汰,以创建一个标准化的地址系统,除非现有的基础设施仍然如此重要,以至于两个协议必须共存于更长的时间内。

四、"互联网 +"的商业意义

"互联网 +"是创新 2.0 下的互联网发展新形态、新业态,是知识社会创新 2.0 推动下的互联网形态演进。"互联网 +"代表一种新的经济形态,即充分发挥互联网在生产要素配置中的优化和集成作用,将互联网的创新成果深度融合于经济社会各领域之中,提升实体经济的创新力和生产力,形成更广泛的以互联网为基础设施和实现工具的经济发展新形态。"互联网 +"行动计划将重点促进以云计算、物联网、大数据为代表的新一代信息技术与现代制造业、生产性服务业等的融合创新,发展壮大新兴业态,打造新的产业增长点,为大众创业、万众创新提供环境,为产业智能化提供支撑,增强新的经济发展动力,促进国民经济提质增效升级。

"互联网 +"是对创新 2.0 时代新一代信息技术与创新 2.0 相互作用共同演化推进经济社会发展新形态的高度概括。新一代信息技术发展催生了创新 2.0,而创新 2.0 又反过来作用与新一代信息技术形态的形成与发展,重塑了物联网、云计算、社会计算、大数据等新一代信息技术的新形态。

"互联网 +"中的"+"是什么? 传统行业的各行各业。中国互联网过去十几年的发展,看到互联网加什么? 加通信是最直接的,加媒体已经有颠覆了,还要加娱乐、网络游戏和传统以前的游戏已经被颠覆了。包括零售行业,认为网购电商是很小的份额已经是不可逆转走向对颠覆实体的零售行业,而随着互联网金融的走热,越来越多的传统企业已经不敢轻视互联网这个话题了。

国内"互联网 +"理念的提出,最早可以追溯到 2012 年,当时提出移动互联网它的本质,离不开"互联网 +"。在未来,"互联网 +"公式应该是我们所在的行业的产品和服务,在与我们看到的多屏全网跨平台用户场景结合之后产生的这样一种化学公式。"互联网加一个传统行业,意味着什么呢? 其实是代表了一种能力,或者是一种外在资源和环境,对这个行业的一种提升。"

项目二　移动电商的发展

　　随着互联网渗透率逐步提高,无线传输、移动设备的技术逐步突破,基于位置的服务成为普遍的商业服务,这是移动通信技术的发展带来的商业上的变化。

　　2015 年开始,我国移动电子商务成为拉动网络经济增长的新动力,移动支付业务尤为突出。2020 年 4 月,中国互联网络信息中心发布《第 45 次中国互联网络发展状况统计报告》,截至 2020 年 3 月 28 日,我国网民规模为 9.04 亿,较 2018 年底新增网民 7508 万,互联网普及率达 64.5%,较 2018 年底提升 4.9 个百分点。

图 1-2-1　网民规模和互联网普及率

　　报告显示,截至 2020 年 3 月,我国手机网民规模为 8.97 亿,较 2018 年底新增手机网民 7992 万,网民中使用手机上网的比例为 99.3%,较 2018 年底提升0.7 个百分点。

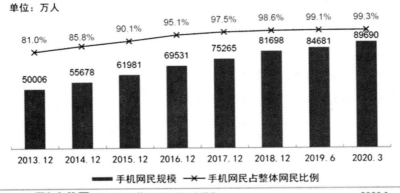

图 1－2－2   手机网民规模及其占网民比例

　　2019 年以来,我国互联网发展取得显著成就。一是多措并举带动网民规模持续增长。截至 2019 年 12 月,我国固定互联网宽带接入用户总数达 4.49 亿户,其中 100Mbps 及以上接入速率的用户总数达 3.84 亿户,占总体的 85.4%,1000Mbps 及以上接入速率的用户数 87 万户。4G 用户总数达到 12.8 亿户,占移动电话用户总数的 80.1%。农村宽带用户总数达 1.35 亿户,较 2018 年底增长14.8%,增速较城市宽带用户高 6.3 个百分点。网络应用持续完善,移动流量增速保持高位。截至 2019 年 12 月,我国国内市场上监测到的手机软件在架数量为367 万款,第三方应用商店在架应用分发数量达 9502 亿次。网络应用满足用户消费、娱乐、信息获取、社交、出行等各类需求,与人民群众生活结合日趋紧密,吸引四五线城市和农村地区用户使用,提升用户生活品质。尤其是微信、短视频、直播等应用降低了用户使用门槛,带动网民使用。2019 年,移动互联网接入流量消费达 1220 亿 GB,较 2018 年底增长 71.6%。

　　此外,随着我国互联网基础设施的建设,截至 2018 年底,我国 4G 基站总规模超过 370 万个,继续保持全球最大 4G 网络,网络覆盖率已超 98% 的全国人口。按照中华人民共和国工业和信息化部部署,我国将于 2020 年实现 5G 商用。三大运营商正加快 5G 试点布局。中国联通将在北京、天津、青岛、杭州、南京、武汉等 16 个城市开展 5G 试点。中国移动将在杭州、上海、广州、苏州、武汉 5 个城市开展 5G 外场测试,预计 2021 年进行大规模预商用实验。中国电信的 5G 试点城市暂定为之前确定的雄安、深圳、上海、苏州、成都、兰州 6 个地区,还将扩大试点范围再增设 6 个城市。在商用初期,我国将重点在中频频段(2.6GHz－6GHz)开展 5G 网络部署,在实现良好覆盖的同时,可有效支持智慧城市、车联网、工业互联网等垂直行业应用。

截至 2020 年 3 月,我国网络购物用户规模达 7.10 亿,较 2018 年底增长 1.00 亿,占网民整体的 78.6%;手机网络购物用户规模达 7.07 亿,较 2018 年底增长 1.16 亿,占手机网民的 78.9%。中国手机网民快速增长,究其原因,一是得益于低廉的移动智能设备;二是官方敦促网络提速降费,降低了手机上网门槛;三是移动互联网应用场景的丰富提升了网民的使用意愿,而相应的跨境电子商务走向移动化的趋势越来越明显。

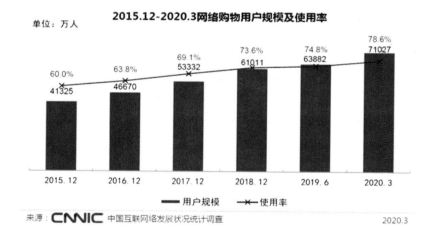

图 1－2－3 2015.12—2020.3 网络购物用户规模及使用率

互联网应用正在全面向手机端转移,随着手机支付安全等问题得到了解决,移动电商向手机端的转移将加速。随着移动支付的快速发展,不少创业的跨境电子商务直接跨越到移动电商。

我们可以再深入分析全球各大新兴市场的电商趋势及其移动购物环境,新兴市场究竟蕴含了多大的商机。

1. 非洲

非洲将是下一场电商的主阵地,2018 年是各大零售商开始优先考虑进军这一迅速扩张的市场的一年。这个拥有 54 个国家的非洲大陆居住着超过 10 亿的人口,并且正加速推进工业化转型。这一高速增长的年轻大陆既没有根深蒂固的分销渠道负担,又没有"新进入者"需要克服的传统的简陋基础设施这种包袱,这使得其正处于全球消费者行为的最前沿。

非洲是全球中产阶级消费市场增长最快的地区之一。中产阶级强大的购买力正推动着移动平台对购物内容的需求。移动平台使用率的激增不仅对消费者而言非常重要,而且对支付创新领域同样意义非凡。

泛非经济银行的研究显示,全球近 60% 的活跃移动货币账户来自撒哈拉以南非洲地区。移动支付平台 M－Pesa 在肯尼亚取得了巨大的成功,预计该支付方式将在非洲移动支付领域得到全面推广。

2. 拉丁美洲

在拉丁美洲,高水平的互联互通正推动着电商市场的快速发展。作为该地区最大的电商市场,巴西本身就是一个全球数字强国。最新趋势表明,移动商务和社交媒体仍然是接触消费者的最佳途径。最重要的是,了解本土支付方式才是制胜关键。

巴西预计将在未来继续在拉丁美洲发挥领导作用,不过阿根廷同样是值得密切关注的国家,这个国家的电商市场和移动电商市场表现均非常强劲。

阿根廷虽然近年来经历了经济动荡,但是该国拥有着极高的互联网普及率以及拉丁美洲最高的移动互联网使用率。与该地区其他国家相比,阿根廷的中产阶级规模更大,消费能力也更高。

另外,阿根廷的一些主流支付方式也正在持续发展。国际信用卡品牌 Visa 和 Mastercard 日渐在阿根廷普及,消费者不再受限于 First Data 和 Prisma 等支付服务。另外,数字银行预计将会在阿根廷大行其道,Pago Facil 和 Rapi Pago 等录入系统的现金支付方式都将发展更多的移动支付和数字支付方式。

3. 印度

印度预计将进一步加快支付创新的步伐。印度国家支付公司（National Payments Corporation of India）推出的移动支付项目统一支付接口（Unified Payments Interface, 简称UPI）其2.0版本发布了如定期计费等不同的功能。仅在2017年10月, UPI就达成7600万笔交易。按照这个速度继续发展, 无现金化时代的到来也就不再遥远。UPI有很大的潜力颠覆印度消费者的数字支付方式, 且预计它将进一步推动信用卡和现金业务的转变。政府对现代化技术的投资、对消费者使用UPI的鼓励以及开展提高UPI知名度的宣传活动, 推动了印度支付体制的全面改革。而对于降低的支付成本以及具有更大包容性的支付方式, 印度人民也非常喜闻乐见。

4. 东南亚

东南亚国家消费者手机上网时间比其他任何形式都要多。消费者平均每天使用移动互联网的时间为3.6小时。东南亚当地人对于移动技术的娴熟度和积极性都很高, 而全球科技公司也都在关注这一趋势。

阿里巴巴和腾讯等中国企业对东南亚市场的大举投资, 为该地区电商市场迎接丰收年铺平了道路。

尤其值得关注的是, 印尼市场正处于蓄势待发的状态。随着印尼国内生产总值（GDP）的迅速增长, 以及全球互联网用户数量的快速增长, 印尼发展电商市场的时机已经成熟。

印尼迅速确立为"移动优先"的国家为卖家提供了一个独一无二的机会, 让他们能够推出数字平台从而进一步吸引精通技术和具有高度积极性的消费者。到2025年, 东南亚的数字经济预计将激增至2000亿美元, 其中印尼的数字市场将占到近一半份额。这将助力其成为亚洲第三大数字经济市场, 仅次于中国和印度这两个强大市场。

印尼电商市场面临的最大挑战之一是借记卡和信用卡的低普及率。不过, 由于消费者对于在线支付和网购的意愿十分强烈, 替代支付方式仍有很大的潜力。

一、什么是移动电子商务

移动电子商务（M-Commerce），简称移动电商，是电子商务的一条分支，移动电商是指通过移动通信网络进行数据传输、并且利用移动信息终端参与各种商业经营活动的一种新电子商务模式，它是新技术条件与新市场环境下的新电子商务形态。移动电商也称移动办公，是一种利用手机实现企业办公信息化的全新方式。

移动电商是移动通信、个人电脑与互联网三者融合的最新信息化成果。移动电商是商务活动参与主体可以在任何时间、任何地点实时获取和采集商业信息的一类电子商务模式，移动商务活动以应用移动通信技术和使用移动终端进行信息交互为特性。由于移动通信的实时性，移动商务的用户可以通过移动通信在第一时间准确地与对象进行沟通，与商务信息数据中心进行交互，使用户摆脱固定设备和网络环境的束缚，最大限度地驰骋于自由的商务空间。

二、移动通信系统的发展

移动电子商务的发展是基于移动通信系统的发展而不断升级换代的。移动通信系统主要经历了以下几个阶段的发展。

（一）1G

1G（First Generation）即第一代移动通信技术。1978年底，美国贝尔试验室研制成功先进的移动电话系统（AMPS），建成了蜂窝状移动通信网，大大提高了系统容量。这一阶段被称为第一代移动通信技术。1G采用模拟信号技术，不具有数据传输功能，因此存在速度慢、质量低、缺乏安全性、没有加密、业务量小的缺陷。可以理解为：1G手机是名副其实的移动电话，只有传统的电话功能，没有短信之类的功能。

（二）2G

2G（Second Generation）是第二代手机通信技术的简称。2G是以数码语音传输技术为核心,无法直接传送如电子邮件、软件等信息,只具有通话和一些如时间、日期等传送的手机通信技术。不过手机短信 SMS(Short message service)在 2G 中能够执行。

(三)2.5G

2.5G 是从 2G 迈向 3G 的衔接性技术,由于 3G 是个浩大的工程,手机牵扯的层面多且复杂,要从 2G 迈向 3G 不可能一下就衔接得上,因此出现了介于 2G 和 3G 之间的 2.5G。HSCSD、WAP、EDGE、蓝牙(Bluetooth)、EPOC 等技术都是 2.5G 技术。与 2G 的服务相比,2.5G 无线技术可以提供更高的速率和更多的功能。

(四)3G

3G(Third Generation)是指支持高速数据传输的第三代移动通信技术。与从前以模拟技术为代表的第一代和第二代 GSM、TDMA 等数字移动通信技术相比,3G 有更宽的带宽,其传输速度最低为 384K,最高为 2M,带宽可达 5MHz 以上。不仅能传输语音,还能传输数据,从而提供快捷、方便的无线应用,如无线接入互联网。此外,能够实现高速数据传输和宽带多媒体服务是第三代移动通信的另一个主要特点。第三代移动通信网络能将高速移动接入和基于互联网协议的服务结合起来,提高无线频率利用效率。提供包括卫星在内的全球覆盖,并实现有线和无线以及不同无线网络之间业务的无缝连接。满足多媒体业务的要求,从而为用户提供更经济、内容更丰富的无线通信服务。

3G 手机提供的功能是远非前两代手机所能够比拟的,因此越来越多的人称呼这类新的移动通信产品为"个人通信终端"。从外形上可以轻易地判断出一部手机是否是"第三代"。第三代手机都有一个超大的彩色显示屏,往往还是触摸式的。3G 手机除了能完成高质量的日常通信外,还能进行多媒体通信。用户可以在 3G 手机的触摸显示屏上直接写字、绘图,并将其传送给另一台手机,所需时间可能不到 1 秒。当然,也可以将这些信息传送给一台计算机,或从计算机中下载某些信息;用户可以用 3G 手机直接上网,查看电子邮件或浏览网页;有很多型号的 3G 手机自带摄像头,用户可以利用手机进行计算机会议,甚至替代数码相机。

(五)4G

4G(Fourth Generation)是第四代移动通信及其技术的简称,是集 3G 与 WLAN (Wireless Local Area Networks,无线局域网络)于一体并能够传输高质量视频图像且图像传输质量与高清晰度电视不相上下的技术产品。4G 系统能够以 100Mbps 的速度下载,比拨号上网快 2000 倍,上传的速度也能达到 20Mbps,并能够满足几乎所有用户对于无线服务的要求。而在用户最为关注的价格方面,4G 与固定宽带网络在价格方面不相上下,而且计费方式更加灵活机动,用户完全可以根据自身的需求确定所需的服务。很明显,4G 有着不可比拟的优越性。

(六)5G

5G(5th - Generation)是第五代移动通信技术的简称。

第五代移动通信技术是最新一代蜂窝移动通信技术,也是继 4G(LTE - A、WiMax)、3G(UMTS、LTE)和 2G(GSM)系统之后的延伸。5G 的性能目标是高数据速率、减少延迟、节省能源、降低成本、提高系统容量和大规模设备连接。Release - 15 中的 5G 规范的第一阶段是为了适应早期的商业部署。Release - 16 的第二阶段将于 2020 年 4 月完成,作为 IMT - 2020 技术的候选提交给国际电信联盟(ITU)。ITU IMT - 2020 规范要求速度高达 20 Gbit/s,可以实现宽信道带宽和大容量 MIMO。

5G 的发展来自对移动数据日益增长的需求。随着移动互联网的发展,越来越多的设备接入到移动网络中,新的服务和应用层出不穷,全球移动宽带用户在 2018 年有望达到 90 亿,到 2020 年,预计移动通信网络的容量需要在当前的网络容量上增长 1000 倍。移动数据流量的暴涨将给网络带来严峻的挑战。首先,如果按照当前移动通信网络发展,容量难以支持千倍流量的增长,网络能耗和比特成本难以承受;其次,流量增长必然带来对频谱的进一步需求,而移动通信频谱稀缺,可用频谱呈大跨度、碎片化分布,难以实现频谱的高效使用;再次,要提升网络容量,必须智能高效地利用网络资源,例如针对业务和用户的个性进行智能优化,但这方面的能力不足;最后,未来网络必然是一个多网并存的异构移动网络,要提升网络容量,必须解决高效管理各个网络,简化互操作,增强用户体验的问题。为了解决上述挑战,满足日益增长的移动流量需求,亟须发展新一代5G移动通信网络。

5G移动网络与早期的2G、3G和4G移动网络一样,5G网络是数字蜂窝网络,在这种网络中,供应商覆盖的服务区域被划分为许多被称为蜂窝的小地理区域。表示声音和图像的模拟信号在手机中被数字化,由模数转换器转换并作为比特流传输。蜂窝中的所有5G无线设备通过无线电波与蜂窝中的本地天线阵和低功率自动收发器(发射机和接收机)进行通信。收发器从公共频率池分配频道,这些频道在地理上分离的蜂窝中可以重复使用。本地天线通过高带宽光纤或无线回程连接与电话网络和互联网连接。与现有的手机一样,当用户从一个蜂窝穿越到另一个蜂窝时,他们的移动设备将自动"切换"到新蜂窝中的天线。

5G网络的主要优势在于,数据传输速率远远高于以前的蜂窝网络,最高可达10Gbit/s,比当前的有线互联网要快,比先前的4G LTE蜂窝网络快100倍。另一个优点是较低的网络延迟(更快的响应时间),低于1毫秒,而4G为30毫秒至70毫秒。由于数据传输更快,5G网络将不仅仅为手机提供服务,而且还将成为一般性的家庭和办公网络提供商,与有线网络提供商竞争。以前的蜂窝网络提供了适用于手机的低数据率互联网接入,但是一个手机发射塔不能经济地提供足够的带宽作为家用计算机的一般互联网供应商。

三、移动电商的特点

与传统的商务活动相比,移动电商具有如下几个特点。

(一)与普通电商相比更加开放

移动电商因为接入方式无线化,不需要网线连接,使得任何人都能更容易进入网络世界,从而使网络范围延伸更广阔、更开放;同时,使网络虚拟功能更带有现实性。

（二）无处不在、随时随地可以进行交易

移动电商的最大特点是"自由"和"个性化"。传统商务已经使人们感受到了网络所带来的便捷,但它的局限在于它必须有线接入,而移动电子商务则可以弥补传统电子商务的这种缺憾,让人们随时随地结账、订票或者购物,感受独特的购物体验。

（三）潜在用户规模大

据工信部统计,我国移动电话用户增长较快,截至 2019 年 2 月底,三家基础电信企业的移动电话用户总数达 15.8 亿户,同比增长 9.9％,1 月至 2 月净增 1740 万户。其中,移动宽带用户(即 3G 和 4G 用户)总数达 13.3 亿户,占移动电话用户的 83.7％;4G 用户规模为 11.9 亿户,占移动电话用户的 75.1％,较上年末提高 0.7 个百分点。

数据显示,2017 年有近 25 亿新用户首次上网。其中,非洲网民数量的增长速度最快,同比增长 20％以上。社交媒体的使用量也在迅速增长,目前全球有 30 亿人使用社交媒体联系彼此,其中每 10 人中会有 9 人通过移动设备来使用社交媒体软件。

（四）能较好确认用户身份

对传统的电子商务而言,用户的消费信用问题一直是影响其发展的一大问题,而移动电子商务在这方面显然拥有一定的优势。这是因为手机号码具有唯一性,手机 SIM 卡片上存贮的用户信息可以确定一个用户的身份,而随着未来手机实名制的推行,这种身份确认将变得越来越容易。对于移动电商而言,这就有了信用认证的基础。

（五）定制化服务

由于移动电话具有比个人计算机更高的可连通性与可定位性,因此移动电商的生产者可以更好地发挥主动性,为不同顾客提供定制化的服务。例如,开

展依赖于包含大量活跃客户和潜在客户信息的数据库的个性化短信服务活动。利用无线服务提供商提供的人口统计信息和基于移动用户位置的信息,商家可以通过具有个性化的短信服务活动进行更有针对性的广告宣传,从而满足客户的需求。

(六)移动电商易于推广使用

移动通信所具有的灵活、便捷的特点,决定了移动电子商务更适合大众化的个人消费领域,如自动支付系统(包括自动售货机、停车场计时器等)、半自动支付系统(包括商店的收银柜机、出租车计费器等)、日常费用收缴系统(包括水、电、煤气等费用的收缴等)、移动互联网接入支付系统(包括登录商家的 WAP 站点购物等)。

(七)移动电商领域更易于技术创新

移动电子商务领域因涉及 IT、无线通信、无线接入、软件等技术,并且商务方式 更具多元化、复杂化,因而在此领域内很容易产生新的技术。随着中国 4G 网络、5G 网络兴起与普及,这些新兴技术将会带来更好的产品或服务。所以移动电子商务领域将是下一个技术创新的高产地。

上述几个方面都是电子商务融入社会、在国际贸易领域应用过程中不断演变发展出来的技术创新。无论对于企业,还是普通消费者,都将通过新兴电子商务技术来满足需求,同时也会因为新的需求来推动新兴技术的产生与发展。

项目三　跨境电子商务在国际贸易领域的发展

进入 21 世纪以来,互联网信息技术日新月异,电子商务伴随网络信息技术异军突起,它与国际贸易结合后得到广泛应用,形成的新型交易模式,给传统的国际贸易方式带来了巨大的变化,推动了国际贸易的无纸化发展。跨境电子商务因其特有的优势,正以惊人的速度发展,已经成为现阶段国际贸易不可或缺的形式。加入 WTO(世界贸易组织)后,十多年间电子商务公司在中国得到了充分发展,发展势头强劲。

一、电子商务在我国国际贸易领域的发展

中国电子商务诞生于 20 世纪 90 年代,到 2015 年左右开始"爆发",建立了一个人人做电商的时代,作为一个行业已经从新兴的快速发展阶段到达成熟稳定阶段。从近 30 年中国电子商务的发展历程我们可以看到,从行业起步到快速发展这一段时间内,电子商务大致每隔一段时间就会出现在一定的变化,进入一个崭新的阶段,这可以看作是一个行业高速发展的体现。自 2000 年后,电子商务的发展越发高速,越发成熟,这与相关的国际和国内物流行业的发展以及计算机、移动互联网等行业的高速发展密切相关。

(一)起步阶段

1990 年至 1993 年,电子数据交换时代成为中国电子商务的起步期。

1993 年至 1997 年,政府领导组织开展"三金工程"阶段,为电子商务发展期打下坚实基础。

1993 年成立的国家经济信息化联席会议,确立了推进信息化工程实施、以信息化带动产业发展的指导思想,相继启动了金关、金卡、金税"三金工程"。所谓"三金工程",就是指金桥工程、金卡工程和金关工程。"三金工程"的目标,是建设中国的"信息准高速国道"。这是国家在近年开始起步并正在逐步实施的重大

电子信息工程。继美国提出信息高速公路计划之后,世界各地掀起信息高速公路建设的热潮,中国迅速做出反应。1993 年底,中国正式启动了国民经济信息化的起步工程——"三金工程"。

"金桥工程"首先建立国家共用经济信息网。具体目标是建立一个覆盖全国并与国务院各部委专用网连接的国家共用经济信息网。"金关工程"是对国家外贸企业的信息系统实联网,推广电子数据交换技术(EDI),实行无纸贸易的国际贸易信息管理工程。"金卡工程"则是以推广使用"信息卡"和"现金卡"为目标的货币电子化工程。

1996 年 1 月,成立国务院国家信息化工作领导小组。

1996 年,金桥网正式开通。金桥网是信息网、多媒体网、综合业务数字网(ISDN)、增值业务网(VAN),它不是基本的电信业务网。金桥网将建成覆盖全国的公用网,并与国内已建的专用网互联,成为网际网;对未建专用信息通信网的部门,金桥网可提供虚拟网,避免重复建设,虚拟网各自管理。金桥网将支持各种信息应用系统和服务系统,为推动我国电子信息产业的发展创造必要的条件。

1997 年,信息办组织有关部门起草编制中国信息化规划,并在深圳召开全国信息化工作会议,各省市地区相继成立信息化领导小组及其办公室,各省开始制订本省包含电子商务在内的信息化建设规划。

1997 年,商家开始尝试投放网络广告吸引网民。

1997 年 4 月以后,中国商品订货系统(CGOS)开始运行。

(二)发展阶段

1998 年至 2000 年为互联网电子商务发展阶段。

1998 年 3 月 18 日在北京友谊宾馆,世纪互联通信技术有限公司向首都各新闻单位的记者宣布:中国内地第一笔 Internet 电子交易成功。为本次交易提供网上银行服务的是中国银行,扮演网上商家的是世纪互联通信技术有限公司。

1998 年 10 月,国家经贸委与信息产业部联合宣布启动以电子贸易为主要内容的"金贸工程",它是一项推广网络化应用、开发电子商务在经贸流通领域的大型应用试点工程。

1999 年 3 月,8848 等 B2C 网站正式开通,网上购物进入实际应用阶段。

1999 年,电子政务、网上纳税、网上教育(湖南大学、浙江大学的网上大学)、远程诊断(北京、上海的大型医院)、企业上网等广义电子商务开始启动并进入实际试用阶段。

尽管可以被视为发展期,这个阶段里中国的网民数量相比今天实在是少得可怜,根据 2000 年年中公布的统计数据,中国网民仅 1000 万。而且这个阶段,网民的网络生活方式还仅仅停留在电子邮件和新闻浏览的阶段。网民未成熟,市场未成熟,以 8848 为代表的 B2C 电子商务站点能说得上是当时最闪耀的亮点。

但随着 8848 停止运营,萌芽期的电子商务环境里没能养活几家电子商务平台,只是孕育了一批初级的网民。这个阶段要发展电子商务难度相当大。

(三)发展阶段

2000 年至 2009 年,电子商务逐渐以传统产业 B2B 为主体,标志着电子商务已经进入可持续性发展的稳定期。

京东、卓越、阿里巴巴、慧聪、淘宝,这几个响当当的名字成了互联网江湖里的热点。这些生在网络长在网络的企业,在短短的数年内崛起,和网游、SP 企业等一起搅翻了整个通信和网络世界。

以前程无忧网络招聘为例,在这个以专门发行招聘报纸的企业,2003 年初的时候还是投报纸广告送网络招聘会员,到今天已经变成了投放网络招聘广告赠送报纸招聘广告,可见变化之巨大。

(四)应用阶段

3G 及 4G 移动通信技术的蓬勃发展促使电子商务在经历了起步期、雏形期、发展期、稳定期四大时代之后,终于迎来了电子商务全面应用时代,电子商务已经受到国家高层的重视并提升到国家战略层面。这个阶段最明显的特征就是,电子商务使得数不清的传统企业和大量资金流入流通领域,使得电子商务世界越来越精彩。

项目四　跨境电子商务对国际贸易的影响

　　网上订货、网上洽谈、网上谈判、网上支付都为国际贸易开辟了新的发展形式。进出口商利用电子系统进行商品的报关、报检、运输、结汇等工作,减少了人力、物力和时间的消耗,降低了流通成本和交易费用,加快了国际贸易的节奏。这种网上的信息交换开辟了一个崭新的市场空间,突破了传统市场必须以一定的地域存在为前提的条件,全球以信息网络为纽带连成一个统一的大"市场",促进了世界经济全球市场化的形成。信息流带来的商品、技术等资源的全球流动引导了"网络经济"在全世界的崛起,在这种网络贸易环境下各国间的经贸联系与合作也大大加强了。

一、电子商务对国际贸易的影响

(一)电子商务使国际贸易的交易方式和经营环境发生了改变

　　在国际贸易交易过程中,信息技术把将贸易公司、生产厂家、政府机构、海关商检、金融机构、运输公司、税务机关等有关部门联系起来。在找寻商机、洽谈合作、客户签约、产品生产、交货付款等进出口业务中进行自动化处理,跟踪订单进程,实时发现问题。跨境电子商务贸易活动中的贸易商品的信息交换、经贸洽谈、合同签订、货物运输、报关报检、出口代理、付款结算等服务功能都可以通过电子商务系统来传输和处理。因此国际贸易的交易方式和经营环境都发生了很大的变化。

　　此外,通过互联网上繁荣的信息交换,国际贸易商家开辟了一个开放多维、立体呈现的崭新的市场空间,突破了传统交易市场的地域限制,使得整个世界形成一个全新的"贸易集市"。网上谈判、网上订货、网上促销、网上支付等形成国际贸易发展新趋势。

　　网上市场的形成,超越了地理界限,与贸易商品与服务有关的信息能在网络上流动,被全球有需要的客户发现,信息可以公开、实时地被客户取得,减少了一直以来国际贸易中进出口双方的信息缺失,避免市场信息不完整而引起的价格扭曲,减少寻租空间,同等质量的商品竞争更加直接,客户的选择更多,保证了价值规律充分发挥作用。

(二)电子商务使国际贸易参与人发生变化

电子商务在国际贸易领域的广泛应用,产生了大批向世界市场提供产品或服务的非实体贸易公司。单个的公司在各自的专业领域拥有专业的技术,利用跨境电子商务技术将这些公司组成一个网络,更高效地向市场提供商品和服务。由此,国际贸易的参与人比起传统国际贸易出现了巨大变化。在传统的国际贸易中,由于交易成本较高,商家需要具备雄厚的资金实力才能开拓国际市场。因此,从事国际贸易的公司大多为实力较强的大型企业。而电子商务的发展简化了国际贸易的流程,交易成本大幅降低,减少了中间环节,使买卖双方得以直接交流,因此,大量的中小企业也可以在国际市场拥有竞争力。

互联网的发展催生了国际贸易交易主体由单一的企业(称为"B")向着多元化主体模式演变,丰富了国际贸易的经营方式,同时交易手段和交易方式得到了极大的丰富。个人平台、网络平台作为交易舞台,使得国际贸易的个人卖家、平台自营(称为"C")方式的交易主体应运而生。例如,Amazon(亚马逊),eBay(易贝)等第三方平台上大量的个人卖家和 Amazon 的自营店铺,为国际贸易提供了多种新型的渠道。

(三)电子商务使国际贸易的流通渠道发生变化

传统国际贸易中,参与经营的为国际贸易批发企业、生产企业、零售店家及国外消费者。其经营的特点主要表现为:企业里的国际贸易部门及从事国际贸易的人员在公司中,按照国际通行的法则进行国际贸易商品的购买、组货、运输、报关报检、结汇核算等工作。在传统国际贸易渠道中,从生产商、中间商到国外最终消费者的过程中,由于各供货环节较多,过程长,时间跨度大等原因,导致贸易交易时间较长、产品损耗难以控制,甚至生鲜产品会无法解决保鲜问题导致无法出口等问题。

另外,从交易过程所经历的时间分析,传统的国际贸易模式需要经过很多中间商,由于很多时候交流不充分,交易信息不对称,导致交易效率低下。以上实际问题都是限制传统的国际贸易进一步发展的重要原因。

在电子商务模式下,国际贸易可以避免以上缺陷,实现整体交易渠道的变革,享受优化科技的优势。国际贸易的电子商务模式下,国际贸易公司不受国界、产业和空间的限制,得以进行网络交易,这是传统贸易积极运用网络信息技术的结果。跨境电子商务交易主体为国际贸易电商企业,因为电子商务模式产生于网络,电子商务企业可以跨越国界、跨越关境从事经营与服务,也能为厂商掌握市场动向,明确市场需求提供低成本的服务,同时国内外的消费者选择产品,进行支付等操作时,交易费用也会相应降低。

(四)电子商务使国际贸易的竞争方式发生变化

在电子商务环境下,企业之间的竞争也将不再是简单的产品或服务的竞争,而是先进商务模式和落后商务模式之间,紧凑供应链和松散供应链之间的竞争。哪家企业能以最快的速度把最先进的技术应用到产品及服务中去,并且提供最具竞争力的价格,那么这家企业就能赢得市场竞争的主动权。为了在市场竞争中取胜,越来越多的进出口企业已经意识到供应链管理的重要性。

(五)电子商务使国际贸易经营方式发生变化

以网络信息技术为核心的电子商务系统,在传统国际贸易中加入信息技术,为国际贸易提供了一种信息较为完整的市场环境,达到跨越国界和"海关境界"的资源和产品的最优分配,从而使市场机制能够更充分有效地发挥作用。这种方式突破了传统国际贸易以单向为主的运作方式,实现了以全球物流为依托、资金流为基础、信息流为纽带的全新经营管理模式。通过信息网络提供多角度、多层次、全方位的国际贸易服务。生产者与消费者通过网络联系,发货时间紧凑,流通环节精简,使商品流动更加顺畅。从一定意义上来说,电子商务网站成为最大的中间商,国际贸易中由传统进出口商作为国家间商品买卖媒介的方式受到挑战,委托—代理关系发生动摇，传统意义上的中间商、代理商和进出口公司的地位相对减弱，引发了国际贸易的巨变。

互联网下的经营模式改变了传统的国际贸易工作中以参与会展为重要媒介的获取客户手段，逐渐以网络平台商品展示取而代之；供应链加工被动收取的订单的模式也朝着柔性生产的方向发展；跨境电子商务订单因交易方便、通关迅速、物流顺畅和支付简单等开始演变为多频次，小额度的单笔小额贸易行为。

（六）电子商务使传统国际贸易成本核算发生变化

在传统的国际贸易交易中，花费的成本主要体现在买卖过程中所需要的信息搜寻、反复沟通、打样修改、合同订立和交付"成交率"方面，同时还有"信用"风险成本和售后服务方面的成本等。而现代信息技术降低了外贸企业的交易成本。因为巨大的、平面化的网络平台使中小企业有更多的机会参与到国际贸易中，使得贸易主体变得多样化，在服务、信息传递和技术方面快速发展。这些不同于传统实体公司的小微企业在国际贸易业务中可以从平台获取实时商情，与客户直接进行沟通和谈判以提高效率，同时企业可以通过网络在网上发布商品信息、寻找贸易合作商，直接避开了中间商，从而使国际贸易更为便捷有效。

电子商务在国际贸易中的应用，能够简化数据处理程序、缩短反应周期、降低库存水平、消除信息传递过程中的人工干预，达到降低成本的目的。在电子商务环境下企业可以整合多个客户要求，统一向供应方批量采购，节省采购成本等费用。跨境电商企业可以快速有效地向市场提供各种商品和服务，实现信息资源沟通共享，从而降低运输或者库存成本。与此同时，电子商务的应用肯定同时也增加了过去没有的软件、硬件成本、学习成本和维护成本等技术上的成本，在电子商务的经营模式下也形成新的风险和安全成本。

（七）电子商务使国际贸易营销模式发生变化

电子商务引起市场营销的巨变，促进国际贸易营销创新，产生新的市场营销式——电子营销。传统的国际贸易营销方式已不能跟上经济发展和新兴市场客户的要求，此时相应地产生了新的市场营销形式——电子营销。

电子营销是以互联网络为媒体平台,以新的方式、方法和经营理念,通过一系列网络营销策划,制定和实施营销企业的活动,更有效地促成个人和组织交易活动实现的新型营销模式,它是企业整体营销战略的一个组成部分,是为实现企业总体或者部分经营目标所进行的,以互联网为基本手段营造网上经营环境的各种活动。

电子营销具有较强的实践性特征,从实践中发现电子营销的一般方法和规律,比空洞的理论讨论更有实际意义。因此,如何定义电子营销其实并不是最重要的,关键是要理解电子营销的真正意义和目的,也就是充分认识互联网的营销环境,利用各种互联网工具为企业营销活动提供有效的支持。这也是在电子营销研究必须重视电子营销实用方法的原因。

与传统国际贸易营销方式比较电子营销的主要有以下特点。

1. 互动式营销

互动式营销是电子营销最显著的特点。与传统国际贸易营销中追求企业利润最大化不同,电子营销有利于企业同时关注客户需求和企业利润,寻找能实现企业利益最大化和最能满足客户需求的营销决策。在电子商务环境下,企业可以和客户随时随地进行沟通和交流,根据客户的意愿分别进行设计、生产产品,使客户的个性化需求得到满足,促进企业的健康发展。

2. 网络定制营销

定制营销就是指企业在大规模生产的基础上将每一位顾客都视为一个单独的细分市场,根据每一个人的特定需求来安排营销组合策略,以满足每一位顾客的特定需求。区别于传统定制营销,网络技术的发展改善了企业与顾客的关系。一方面,沟通的便利使得企业了解客户个性化的需求成为可能;另一方面,越来越多的企业将生产、管理的过程数据化,也使得在经营中有可能针对客户的个性化需求进行柔性生产。商品市场已经从卖方市场转向买方市场。在电子商务环境下,国际贸易营销的发展趋势将从大量销售转向定制销售,从卖方市场转向买方市场。"定制营销"被美国学者科特勒誉为21世纪市场营销最新的领域之一。

3. 网络整合营销

电子商务环境下企业和客户之间的关系非常紧密,甚至牢不可破,这就形成了"一对一"的营销关系。这种营销框架称为网络整合营销。

网络整合营销（Network Integrated Marketing）是在一段时间内，营销机构以消费者为核心重组企业和市场行为。营销者综合协调使用以互联网渠道为主的各种传播方式，以统一的目标和形象，传播连续、一致的企业或产品信息，实现与消费者的双向沟通，迅速树立品牌形象，建立产品与消费者的长期密切关系，更有效地达到品牌传播和产品行销的目的。

网络整合营销是一种对各种网络营销工具和手段的系统化结合，根据环境进行即时性的动态修正，以使交换双方在交互中实现价值增值的营销理念与方法。它始终体现了以客户为出发点及企业和客户不断交互的特点

4. 网络"软营销"

传统营销中最能体现强势营销特征的是两种促销手段：传统广告和人员推销。传统广告是以一种信息灌输的方式在客户心中留下印象，它根本不考虑你是否需要这类信息；推销人员也根本不需要事先经过推销对象的允许或请求，就主动地"敲"开客户的门。这就是传统营销中的"强势营销"，其主动方为企业，销售自己手中现有的产品。在电子商务环境下营销方式为"软营销"。网络软营销是指在互联网环境下，企业向顾客传送的信息及采用的促销手段更具理性化，更易于被顾客接受，进而实现信息共享与营销整合。

在网络经济环境下，消费者个性消费回归，消费者购买商品不只是满足生理需求，还要满足心理和精神需求。网络软营销理论认为在网络经济环境下顾客主动有选择地与企业沟通，顾客对于那些不遵守"网络礼仪"的信息会感到反感。网络软营销理论让为客户购买产品不仅是满足基本的生理需求，还需要满足高层次的精神和心理需求。"软营销"理论是针对工业经济时代以大规模生产为主要特征的"强势营销"而提出的，它强调企业在进行营销活动时必须尊重消费者的感受与体验，让消费者主动接受企业的营销活动。

（八）电子商务使国际贸易的监管方式发生变化

电子商务交易的无形化、网络化必将促使各国政府对国际贸易的监管方式进行创新，特别是在关税征收、海关监管、进出口检验等方面，必须尽快适应电子商

务的发展需要。对中国政府来说,一方面要积极与世界各国合作,共同推进电子商务在国际贸易中的发展;另一方面要在国际贸易的管理上,加强电子商务的应用,如出口商品配额的发放、电子报关、进出口商品检验等方面要尽快与国际接轨,使政府在推动电子商务的发展中成为主导力量。

为加速电子化国际贸易和精准服务,中国海关监管模式推出"9610"和"1210"。海关监管方式代码"9610",全称"跨境贸易电子商务",简称"电子商务",适用于境内个人或电子商务企业通过电子商务交易平台实现交易,并采用"清单核放,汇总申报"模式办理通关手续的电子商务零售进出口商品(通过海关特殊监管区域或保税监管场所一线的电子商务零售进出口商品除外)。

以"9610"海关监管方式开展电子商务零售进出口业务的电子商务企业、监管场所经营企业、支付企业和物流企业应当按照规定向海关备案,并通过电子商务通关服务平台实时向电子商务通关管理平台传送交易、支付、仓储和物流等数据。

海关监管方式代码"1210",全称"保税跨境贸易电子商务",简称"保税电商"。适用于境内个人或电子商务企业在经海关认可的电子商务平台实现跨境交易,并通过海关特殊监管区域或保税监管场所进出的电子商务零售进出境商品[海关特殊监管区域、保税监管场所与境内区外(场所外)之间通过电子商务平台交易的零售进出口商品不适用该监管方式]。

模块二　跨境电子商务的概念与分类

学习目标

知识目标:通过本课程的教学,使学生熟悉并学会跨境电子商务基本知识,能够掌握跨境电子商务过程中的一些具体处理的技巧和措施,使学生掌握跨境电子商务的基础理论知识,初步具备进行跨境电子商务实务操作的各项专业基本技能。

能力目标:虚心学习,勤奋工作,遵守行业法律、法规。

在了解了跨境电子商务的发展过程以及电子商务对国际贸易产生的影响基础上,可以对跨境电子商务进行界定,并分析跨境电子商务的特点以及基于不同标准对跨境电子商务进行的分类。

项目一　跨境电子商务的概念和特点

一、跨境电子商务概念

与电子商务的概念类似,跨境电子商务(Cross – border E – commerce)也有狭义和广义之分。广义的跨境电子商务是指分属不同关境的交易主体,通过电子商务手段从事各种商业活动的行为。狭义的跨境电子商务,是指跨境网络零售(Cross – border Online Retailing)。跨境电子商务,简称跨境电商,是指分属不同关境的交易主体,通过电子商务平台达成信息交流、商品交易、提供服务的国际商业

31

活动。根据跨境电子商务模式的不同,平台提供支付结算、跨境物流送达、金融贷款的服务内容均有不同。

二、跨境电子商务的特征

跨境电子商务融合了国际贸易和电子商务两方面的特征,具有更大的复杂性,主要表现在:一是信息流、资金流、物流等多种要素流动必须紧密结合,任何一方面的不足或衔接不够,就会阻碍整体跨境电子商务活动的完成;二是流程繁杂,且不完善,国际贸易通常具有非常复杂的流程,牵涉到海关、检验检疫、外汇、税收、货运等多个环节,而电子商务作为新兴交易方式,在通关、支付、税收等领域的法规目前还不太完善;三是风险触发因素较多,容易受到国际政治经济宏观环境和各国政策的影响。具体而言,跨境电子商务具有如下特征。

(一)全球性(Global)

网络是一个没有边界的媒介体,具有全球性和非中心化的特征。依附于网络发生的跨境电子商务也因此具有了全球性和非中心化的特性。与传统的交易方式相比,电子商务是一种无边界交易,抛弃传统交易所具有的地理因素,互联网用户不需要考虑跨越国界就可以把产品尤其是高附加值产品和服务提交到市场。网络的全球性特征带来的积极影响是信息的最大程度的共享,消极影响是用户必须面临因文化、政治和法律的不同而产生的风险。任何人只要具备了一定的技术手段,在任何时候、任何地方都可以让信息进入网络,相互联系进行交易。美国财政部在其财政报告中指出,对基于全球化的网络建立起来的跨境电子商务活动进行课税是困难重重的。因为,跨境电子商务是基于虚拟的电脑空间展开的,丧失了传统交易方式下的地理因素,跨境电子商务中的制造商容易隐匿其住所,而消费者对制造商的住所是漠不关心的。

这种远程交易的发展给税收制造了许多困难。税收权力只能严格地在一国范围内实施,网络的这种特性为税务机关对超越一国的在线交易行使税收管辖权带来了困难,而且互联网有时扮演了代理中介的角色。在传统交易模式下往往需要一个有形的销售网点的存在。例如,通过书店将书卖给读者,而在线书店可以代替书店这个销售网点直接完成整个交易。问题是,税务往往要依靠这些销售网点获取税收所需要的基本信息,代扣代缴所得税等。没有这些销售网点,税收权力的行使也会发生困难。

(二)可追踪性(Traceable)

跨境电子商务产品在整个交易过程中,议价、下订单、物流、支付等信息都会有记录,消费者可以实时追踪自己的商品发货状态和运输状态。对于进口的商品,需要经过通关和检验检疫,目前我国建立了保税区试点,在保税区内的商品就已经纳入了海关的监管范围,同时也有商检部门同时对进口商品进行检验,对于跨境电子商务企业建立源头可追溯、过程可控制、流向可追踪的闭环检验检疫监管体系,这样既提高了通关效率,又保障了进口商品的质量。

(三)无形性(Intangible)

网络的发展使数字化产品和服务的传输盛行,而数字化传输是通过不同类型的媒介。例如,数据、声音和图像在全球化网络环境中集中而进行的,这些媒介在网络中是以计算机数据代码的形式出现的,因而是无形的。以一个 E-mail 信息的传输为例,这一信息首先要被服务器分解为数以百万计的数据包,然后按照 TCP/IP 协议,通过不同的网络路径传输到一个目的地服务器并重新组织转发给接收人,整个过程都是在网络中瞬间完成的。跨境电子商务是数字化传输活动的一种特殊形式,其无形性的特性使得税务机关很难控制和检查销售商的交易活动,税务机关面对的交易记录都是体现为数据代码的形式,使得税务核查员无法准确地计算销售所得和利润所得,从而给海关征税带来困难。

数字化产品和服务基于数字传输活动具有无形性,传统交易以实物交易为主,而在跨境电子商务中,无形产品却可以替代实物成为交易的对象。以书籍为例,传统的纸质书籍的排版、印刷、销售和购买被看作是产品的生产、销售。然而在跨境电子商务交易中,消费者只要购买网上的数据权便可以使用书中的知识和信息。如何界定该交易的性质、如何监督、如何征税等一系列的问题却给税务和法律部门带来了新的课题。

(四)即时性(Instantaneous)

对于网络而言,信息的发送和接受是实时的。传统国际贸易过程中的信息交流方式如信函、传真等在信息的发送与接收间存在时间差,而电子商务中的信息交流,无论实际时空距离远近,一方发送信息与另一方接收信息几乎是同时的,就如同生活中面对面交谈。音像制品或软件的交易还可以即时完成,订货、付款、交货下载在瞬间就可以完成。

跨境电子商务交易的即时性提高了人们交往和交易的效率,免去了传统交易中的中介环节,但也蕴含着不为人知的危险。在税收领域,由于跨境电子商务交易即时完成,有时候就会造成跨境交易时间点不固定,跨境电子商务课上的交易活动可能随时开始、随时终止、随时变动,这就使得税务机关难以核查交易双方的具体交易情况,管理手段失灵,产生不依法纳税的可能,都使得征税和税务稽查变得异常艰难。

(五)销售及采购的小批量(Small batch)

某一次跨境电商的交易量通常很小,甚至可能只有一件商品。这就大大扩大了消费面,降低了平台的销售门槛,因此其销售灵活性是传统国际贸易大批量采购,集中供应所无法比拟的。

(六)销售及采购的高频度(High frequency)

跨境电商具有直接交易和小批量的特点,再加上跨境电商跳过一切中间环节与市场实时互动,就注定了其具有即时采购的特点,交易频次大大超过传统国际贸易行业。

(七)过程的无纸化(Paperless)

跨境电子商务主要采取无纸化、平台操作的方式,这是以电子商务形式进行交易的主要特征。在跨境电子商务中,电子计算机通信记录取代了一系列的纸面交易文件。用户发送或接收电子信息,整个信息发送和接收过程实现了无纸化。无纸化带来的积极影响是使信息传递摆脱了纸张的限制,但由于传统法律的许多规范是以规范"有纸交易"为出发点的,因此,无纸化在一定程度上导致了法律适用的难题。此外,跨境电子商务以电子合同、电子交易凭证取代了传统贸易中的书面合同、结算票据,削弱了税务当局获取跨国纳税人经营状况和财务信息的能力。在某些交易无据可查的情形下,跨国纳税人的申报额将会大大降低,应纳税所得额和所征税款都将少于实际所达到的数量,从而引起相关国家的税收流失。例如,网络交易无纸化的情况下,物质形态的合同、凭证形式已不复存在,因而一般交易中印花税的合同、凭证贴花(即完成印花税的缴纳行为)便无从下手。

(八)相对高的盈利率(Higher profit)

跨境电商由于买卖双方直接交易,没有中间环节,尽管售价在客户端降了不少,但盈利率却比传统国际贸易行业高出好几倍。相关数据表明,传统国际贸易的盈利率一般在 5%~10% ,而跨境电商的盈利率一般可达 30%~40% 。

(九)快速变化(Rapidly Evolving)

互联网本身尚在快速演进,未来发展具有很大的不确定性。但管理者必须考虑的问题是网络带来的挑战。跨境电商必将以前所未有的速度和无法预知的方式不断演进,如同国际互联网,短短的几十年中演化出的数字化产品和服务,不断地改变着人类的生活。

在一般情况下,各个国家为维护社会的稳定,都会注意保持法律的持续性与稳定性。这就会引起网络的超速发展与法律规范相对滞后的矛盾。如何将时刻发展与变化中的网络交易纳入监管,是法律领域的一个难题。网络的发展不断给主管机关带来新的挑战,法律的制定者和执行者应当密切注意网络的发展,在制定政策和规范时应充分考虑这一因素。

跨境电子商务具有不同于传统贸易方式的诸多特点,而传统的法律制度却是在传统的贸易方式下产生的,必然会在跨境电子商务贸易中碰到挑战。网络深刻地影响着人们的生活,也给社会带来了前所未有的冲击与挑战。

项目二 跨境电子商务的基本分类

基于不同的分类标准,我们对跨境电子商务做如下分类。

一、按照参与主体划分

按照参与主体来划分,跨境电子商务平台分为 B2B,B2C 和 C2C 三种类型。

(一)跨境 B2B 电子商务

B2B 电子商务是电子商务的一种模式,是英文 Business – to – Business 的缩写,即企业对企业的电子商务,是企业与企业之间通过互联网进行产品、服务及信息的交换。

跨境 B2B 是指分属不同关境的企业对企业,通过电商平台达成交易、进行支付结算,并通过跨境物流送达商品、完成交易的一种国际商业活动。

(二)跨境 B2C 电子商务

B2C 电子商务指的是企业针对个人开展的电子商务活动的总称,如企业为个人提供在线医疗咨询、在线商品购买等。

跨境 B2C 是指分属不同关境的企业直接面向消费个人开展在线销售产品和服务,通过电商平台达成交易、进行支付结算,并通过跨境物流送达商品、完成交易的一种国际商业活动。

(三)跨境 C2C 电子商务

C2C 电子商务是个人与个人之间的电子商务。C2C 即 Customer〔Consumer〕to Customer（Consumer）,主要通过第三方交易平台实现个人对个人的电子交易活动。

跨境 C2C 是指分属不同关境的个人卖方对个人买方开展在线销售产品和服

务,由个人卖家通过第三方跨境电子商务平台发布产品和服务售卖、产品信息、价格等内容,个人买方进行筛选,最终通过跨境电子商务平台达成交易、进行支付结算,并通过跨境物流送达商品、完成交易的一种国际商业活动。

二、按照服务类型分类

(一)信息服务平台

信息服务平台主要是为境内外会员商户提供网络营销平台,传递供应商或采购商等商家的商品或服务信息,促成双方完成交易。

代表企业:阿里巴巴国际站、环球资源网、中国制造网。

(二)在线交易平台

在线交易平台不仅提供企业、产品、服务等多方面信息展示,并且可以通过平台线上完成搜索、咨询、对比、下单、支付、物流、评价等全购物链环节。在线交易平台模式正在逐渐成为跨境电子商务中的主流模式。

代表企业:Amazon,eBay,Wish,Shopee 等,国内有全球速卖通(AliExpress)、敦煌网等。

(三)国际贸易综合服务平台

国际贸易综合服务平台可以为企业提供通关、物流、退税、保险、融资等一系列的服务,帮助企业完成商品进口或者出口的通关和流通环节,还可以通过融资、退税等帮助企业进行资金周转。

代表企业:阿里巴巴一达通,万邑通,大龙网。

三、按照跨境电子商务交易主体模式分类

(一)传统跨境大宗交易平台(大宗 B2B)模式

为境内外会员商户提供网络营销平台,传递供应商或采购商等合作伙伴的商

品或服务信息,并最终帮助双方完成交易;收入模式为收取会员费和营销推广费。

典型代表企业:阿里巴巴国际交易市场、环球资源、中国制造网。

例如,阿里巴巴国际交易市场,旨在打造以英语为基础、任何两国之间的跨界贸易平台,帮助全球中小企业拓展海外市场。

(二)综合门户类跨境小额批发零售平台(小宗 B2B 或 C2C)模式

独立第三方销售平台,包括了海外仓、收支付、客服等环节,收取交易佣金,此外还包括会员费、广告费等增值服务费。

典型代表企业:敦煌网、阿里巴巴速卖通、易唐网。

例如,敦煌网,不同于传统"信息服务平台"会员收费制模式,采取的是企业免费注册,向买家收取佣金的盈利模式;整合跨境交易涉及的各个环节,并将其纳入自身的服务体系,为国内中小企业和海外小采购商,提供覆盖整个 B2B 产业链的信息发布、翻译、支付、物流等综合平台服务。

(三)垂直类跨境小额批发零售平台(独立 B2C)模式

批发零售平台,同时自建 B2C 平台(含物流、支付、客服体系),将产品销往海外;销售收入构成主要的收入来源。

典型企业:兰亭集势、米兰网、DX(帝科思)、focalPrice。

例如,兰亭集势,主要是集合国内的供应商向国际市场提供"长尾式采购"模式,以国内的婚纱、家装、3C 产品为主,其盈利主要来源于制造成本与价格的低廉。其商业模式颠覆了传统的出口模式,一端连接着中国的制造工厂,另一段连接着外国消费者。兰亭 70% 的产品自己采购,直接对接工厂,省去了很多中间环节,有自己的定价权,甚至还可以进行产品定制化服务。

(四)专业第四方服务平台(代运营)模式

不直接或间接参与任何电子商务的买卖过程,而是为行业不同、模式各异的从事小额跨境电子商务的公司提供通用的解决方案,帮助客户提供后台的支付、物流以及客户服务、涉外法律顾问、运营技术支持等模块服务。

典型企业:四海商舟、递四方科技集团。

例如,四海商舟,主要为从事小额跨境电子商务的公司提供通用解决方案,破解同质化难题。如给新手电商提供"市场研究模块",专门帮客户 分析其产品的互联网市场可能性、市场位置、需求机会以及 品牌定位;"营销商务 平台建设模块"帮助企业搭建一个符合海外消费者习惯的网站平台;"海外营销解决方案模块"为企业最陌生也最关注的海外营销推广提供多种选择等。据国外第三方评估机构分析,四海商舟打造的麦包包网站,仅网站商业价值目前已达 143,456 美元。

(五)国际贸易综合服务平台,亦称国际贸易综合服务企业

以企业化运作模式,提供报关、报检、物流、外汇、退税、融资、保险等一站式、全方位的国际贸易综合服务,实现了传统国际贸易业务操作模式自线下向线上的转变。

模块三　跨境电子商务支付

学习目标

知识目标:通过本课程的教学,使学生熟悉跨境电子商务电子支付基本知识,能够掌握跨境电子商务电子支付过程中的流程和步骤,使学生掌握跨境电子商务的支付的相关知识。

能力目标:会选择合适的支付方式。

项目一　跨境电子商务支付概述

一、跨境电子商务支付发展概况

近年来,网上支付作为支撑电子商务的系统之一,其重要性越来越为业界所重视。网上支付工具和支付模式的迅速发展给整个世界的经济和社会发展带来了一场深刻的变革,极大地改变了人类社会的交易方式和行为方式。目前,国际网上跨境支付的主体形式为通过第三方支付平台进行资金的清算,我国近年来也频频出现第三方支付企业在这一全新领域的尝试,因此,我们对网上第三方跨境支付行为进行主要的介绍。

网上跨境资金流动包括跨境支付和跨境收入两部分,必然涉及结售汇问题,而从目前情况来看,我国跨境结算的方式是多种多样的,既包括由第三方支付工具统一购汇的支付,又包括境外的电子支付平台接受人民币支付的方式。跨境电子商务支付发展呈现出的趋势表现为:

(一)我国跨境网上支付的规模将持续增长

全球看来,美国与欧洲是目前最大的两个互联网支付市场,交易规模约占全球互联网支付的八成。他们的一个共同特征是跨境交易占比高,并还在不断增长。来自 Amazon(亚马逊)等大型电子商务提供商的交易数据显示,其近三年的跨境交易量从 45.21% 上升到 46.63%,占交易总量的近一半。随着我国经济的国际化,出境旅游、购物的人次迅速增加,人们对境外消费的需求日益增加。中华人民共和国文化和旅游部与中国银联公布的统计数字显示,2019 年,我国公民出境旅游目的地国家和地区已达到 140 个。2019 年中国公民出境旅游人数达 1.55亿人次,比上年同期增长 3.3%。根据国家外汇管理局的数据,2019 年上半年,中国境外旅行支出 1275 亿美元,超五成旅行支出发生在亚洲地区。银行卡消费仍是主要的支付方式,但移动支付呈现快速提升的趋势,为更好服务出境游客,境外已有 176 个国家和地区,2850 万家商户支持银联卡,"云闪付"用户已可在境外 52个国家和地区扫码或"挥"机支付。

随着我国经济快速稳定的增长以及各大中型城市的网络基础设施逐渐完备,近几年中国跨境网上购物市场的用户数量突飞猛进,这一方面是因为互联网支付无地域限制特点,使得大量境内消费者将目光转向境外,另一方面更得益于年轻一代网络群体正逐渐走向社会,成为网上购物的中坚力量。这种量与质的双重提升,从根本上带动跨境网上支付交易规模的扩大。

跨境电子商务支付将成为企业新的盈利点。2019 年在全球经济增长放缓背景下,我国跨境电子商务小额出口业务的总体规模超过 100 亿美元,虽仅占 2019年全国出口总额的 0.5%,但同比增速超过 100%。2019 年全国电子商务用户增至 2.03 亿户,若以 2019 年跨境电子商务用户占全国电子商户总数 13% 来计算,则 2019 年跨境电子商务用户达 2369 万户。国际贸易电子商务发展的巨大空间及潜藏的盈利空间已引起国内涉外经济主体的关注。面对激烈的细分市场竞争和海外电子商务平台的进入,跨境市场无疑是电子商务支付的下一个争夺点。

(二)境外购物网站的扩张将加速网络支付发展

由于全球经济放缓所导致的国际贸易不旺、融资管道匮乏等问题越发显著,境外不少依赖于出口贸易企业遇到了前所未有的困境。这些企业既要开源又要节流,电子商务无疑成为他们渡过危机的最佳选择,很多境外的企业和商户纷纷将橄榄枝投向境内支持跨境网购的支付工具。由于跨境交易中的种种不便,交易的双方越来越看中支付服务的便捷和安全,很多境外电子商务网站开始主动谋求境内支付工具提供商的合作,知名度和美誉度成为各网上支付工具提供商最为关注的产品评价标准。第三方机构通过研究细分市场,推进产品与服务创新,加强市场营销力度,吸引更多的客户使用网上支付业务,培养庞大而忠诚的用户群体。它们通过与境内外银行卡组织合作,为境内用户海外网购提供服务。

(三)支付产品将依托自身优势不断创新

境外网上消费已经受到各界的广泛关注,网络经济效应越发明显,银行卡组织、第三方企业和银行在跨境网上支付业务上均有其各自的优势和局限,长期保持竞争合作关系。支付产品为了获取用户的支持和商户的青睐,就要拥有不断创新的能力,着力于产品的完善和创新,以维护、巩固和发展核心竞争力。这一过程将会培养消费者的网上支付习惯,促使网上支付的工具更先进,网购服务设施更完善,法律和监管体系持续健全,最终使得网上支付的服务体系得到全方位的发展和完善,让更多的消费者体验到网上支付的优势,给跨境网络购物市场带来繁荣。

二、跨境电子商务支付相关概念

(一)跨境支付

跨境支付(Cross – border Payment)是指两个或两个以上国家或地区之间因国际贸易、国际投资及其他方面所发生的国际债权债务,借助一定的结算工具和支付系统实 现的资金跨国和跨地区转移的行为。

(二)跨境电子支付

跨境电子支付也称为跨境互联网支付,是指为不同国别的交易双方提供基于互联网的在线支付服务。

(三)跨境网络消费网民

跨境网络消费网民是指通过境内跨境电子商务网站(如淘宝全球购、易趣等),或者境外网站(如 Amazon 海外站,ebay 海外站,macys,overstock 等)进行过网络消费活动的网民群体。

项目二 跨境电子商务与国际贸易支付

一、跨境电子商务支付发生的变化

作为一项依托互联网技术的新兴业务,跨境电子商务与传统国际贸易在交易流程、物流方式及结算方式等方面存在显著的区别。

(一)交易的无纸化和虚拟性

跨境电子商务将传统的国际贸易流程电子化、数字化,订购、支付甚至数字化产品的交付都通过网上进行操作,交易的无纸化程度越来越高。交易合同、作为销售凭证的各种票据和运输单据都以电子形式存在。此外,随着网络游戏产业的扩张,由此衍生的虚拟物品跨境交易日渐频繁。

(二)直接面对消费者,物流方式以快递为主

尽管基于互联网的信息流动畅通无阻,但是货物的实体流动仍然受到国界的限制。进出口货物需要通关,是跨境电子商务不可逾越的关卡。传统国际贸易是出口企业和进口企业间的交易(B2B),而跨境电子商务带来了企业和消费者之间的交易(B2C)。由于跨境电子商务直接面对消费者,具有单件包裹出境、频率高、单价低和落地点分散等特点,一般报关要求难以满足此需要。在实际业务中,该行业多采用平邮或快递方式出入境,只能取得物流公司的运输单据,而无法取得海关报关单等单证。

(三)第三方支付机构参与结算过程

在跨境电子商务中,境内外交易双方互不见面,第三方支付机构有效地解决了交易双方信用缺失的问题。其支付流程大致为:买方先将人民币(或外币)资金支付给支付机构,支付机构在买方确认付款或经过一定时间默认付款后,通过

合作银行代为购汇或结汇支付给卖方。也就是说,支付机构成为跨境电子商务结算双方之间的中介,这与传统国际贸易中买卖双方直接通过银行进行结算有着明显的区别。

(四)外汇管理新挑战

现行贸易外汇管理是围绕传统国际贸易的业务特点而设计的,因此跨境电子商务给外汇管理带来挑战。

第一,交易的无纸化和虚拟性带来单证审核困难。跨境电子商务中,交易信息均以电子形式进行传递,而电子单证可以被轻易地修改,并且不留任何痕迹,导致传统的单证审核失去基础。此外,网络游戏物品等交易产品具有虚拟特性,交易的真实性更加难以把握。跨境电子商务中,除货物贸易外,服务贸易也日趋活跃。按照现行规定,无形资产、计算机和信息服务等服务贸易项下售付汇业务,需要提供主管部门的批件或资质证明。如果按照传统服务贸易向银行提交纸质单证,将无法体现跨境电子商务的优势,即信息流、物流、资金流利用的高效性和便捷性。

第二,缺乏与资金流相匹配的报关信息。

第三,货物贸易外汇改革后,将通过贸易外汇监测系统,全面采集企业货物进出口和贸易外汇收支逐笔数据,定期比对、评估货物流与资金流总体匹配情况。而跨境电子商务的物流方式以快递为主,无法取得海关报关单等合法凭证,缺乏与资金流相匹配的货物流数据,这无疑增加了外汇监管工作的难度。

第四,银行无法直接进行真实性审核。在境外收单业务中,客户的支付指令由支付机构掌握,银行按照支付机构的指令,将资金由客户账户划入人民币备付金账户,通过银行购汇划入外汇备付金账户,再将资金由外汇备付金账户汇入目标账户。即便交易的全过程发生在同一银行的系统,银行也无法确定各项交易的因果关系。由于缺乏对买卖双方交易情况的了解,银行无法直接进行交易真实性审核。

第五,支付机构相关外汇业务资格急需明确。

一是代理结售汇资格和主体问题。在支付机构跨境外汇支付业务中,结售汇是其中的重要环节。但是,由于支付机构属于非金融机构,按现行政策,不具备开展结售汇业务以及代理结售汇的资格,因此要想推进跨境第三方支付业务的发展,必须明确第三方支付机构从事相关结售汇业务的资格问题。同时,若允许第三方支付机构从事结售汇或代理结售汇业务,第三方支付机构是以自身名义还是以客户名义办理,仍需进一步明确。

二是国际收支申报问题。按照现行规定,国际收支需逐笔申报。但是,第三方支付机构与电子商户间的资金结算具有周期性,若允许支付机构集中办理收付汇,则一次支付包含多笔交易资金,此时是以第三方支付机构名义进行一笔申报还是按实际交易逐笔申报,还需要进一步明确。

(五)解决方案案例

广州银顺通网络公司是从事互联网金融的专业公司,银顺通网络的产品是银顺通,为符合条件的境内外企业提供以货物类贸易或服务类贸易为背景的境内对境外或境外对境内的人民币跨境支付结算服务。

银顺通业务面向全球客户,为国内外从事国际贸易活动的中小企业提供创新、便捷、快速的跨境人民币支付结算业务,在实现安全支付、快速到账、降低风险的同时,为企业节约了时间成本、人工成本,降低以外币作为结算货币的各项审批成本,极大地加快了中小型企业国际化进程推进的步伐。

银顺通服务平台是跨境支付、跨境代收为一体的跨境支付结算服务平台(货币兑换),能够全面解决跨境结算三大难题:

第一,解决跨境结汇流程烦琐的难题。

第二,解决办理国际业务的银行网点不足的难题。

第三,解决跨境支付额度限制的难题,是中小企业、境外公司跨境结算的最佳选择。

二、跨境网上支付的活动及其原理

目前,第三方支付企业开展跨境支付业务主要集中于互联网跨境支付,具体可分为三个层次:

第一,境内持卡人的境外网站支付,也称购汇支付。

第二,境外持卡人的境内网站支付,也称收汇支付。

第三,境外持卡人的境外网站支付。

在具体业务流程方面,主要分为前台的购汇支付流程和后台的购汇清算流程。以购汇支付为例,境内用户拍下境外商家的货品后,按商家网站所显示的人民币报价支付相应款项到第三方支付平台,随后境外商户向境内用户发货。后台购汇清算流程则主要发生在第三方支付平台和境内合作银行之间,由第三方支付平台向合作银行查询汇率,并根据交易情况批量购汇。买家收到货物后,第三方支付企业向银行发送清算指令,将外币货款打入境外商户的开户银行,从而完成整个交易。

跨境支付的产生是以跨境电子商务及国际贸易的快速发展为基础的,且跨境交易的产生是需要国内外企业相互合作完成的。相信随着技术、监管等相关方面的不断完善,它将扮演更重要的角色。

(一)境外收单的业务流程

通过与国内银行的合作,支付宝为境内的买家在境外购物提供便利的电子支付手段,境外商户可直接收到对应币种货款。具体业务流程主要分为前台购物支付流程和后台购汇清算流程。前台购物支付流程是境内买家拍下境外商家的货品后,按显示的人民币报价支付相应款项到支付宝,然后境外商户向境内买家发货。后台购汇清算流程主要发生在支付宝和境内合作银行之间,由支付宝向境内合作银行查询汇率并向境内买家显示人民币交易价格,同时根据交易情况通过银行进行批量购汇,在买家收到货物后向银行发送清算指令,通过SWIFT(环球银行金融电信协会)直接将外币货款打入境外商户开户银行,从而完成整个交易。

第一,境内用户在境外网站购买商品和服务。境内用户通过国际性的电子商务信息平台购买境外商品和服务,支付机构集中代用户购汇结算给境外商户。支付机构为境内用户提供的代付服务通常称为境外收单业务。

第二,境内商户通过互联网向境外销售商品和服务。境内商户通过国际性的电子商务信息平台联系境外的买家并出售商品,支付机构集中代境内商户收汇,并根据境内商户的结算币种,向其支付外汇或代理结汇并支付人民币,物流则交给国际性快递公司完成。支付机构为境内商户提供的代收服务通常称为外卡支付业务。

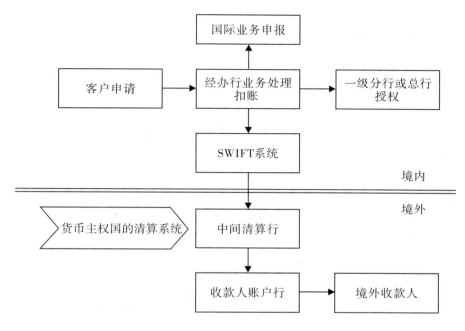

图3-2-1　境外收单的业务流程

(二)汇款业务

依靠境内外第三方支付工具收款结汇流入。国外第三方支付公司目前都提供了直接提现到国内银行结汇成人民币的服务。这种提现服务可以是没有真实贸易背景的资金流入,容易造成管理上的漏洞。我国的第三方支付平台(如支付宝)目前已经开展真实贸易背景下的结汇服务,境外买家直接汇款到支付宝公司的境内银行账户,然后通过支付宝系统集中统一到银行结汇,付款给国内商家。

通过汇款到国内银行,以集中结汇或居民个人名义拆分结汇流入。这种流入具体可以分成两大类:一类是比较有实力的公司的操作方法,在境内外有公司,通过两地公司间的资金转移,实现资金汇入境内银行,再集中结汇后,分别支付给各个生产商。还有一类是一些规模较小的个体老板,他们通过自己在美国、中国香港地区的亲戚朋友把收益汇到境内,再以个人侨汇赡家款的名义结汇。

三、跨境网络支付技术类别

（一）平台安全技术

平台安全技术包括三种：

第一，自身监控：保证系统可靠运行而采取的系统维护措施。

第二，数据私密存储：存储在系统中的敏感数据需要加密,防止黑客入侵和内部人员窃密。

第三，灾备份：在异地（或同城）建立和维护一个备份存储系统,利用地理上的分离来保证系统和数据对灾难性事件的抵御能力。

（二）数据传输技术

数据传输技术包括两种,SSL,即网络安全协议（Secure Stockets Layer）：SSL协议是 Netscape 公司在网络传输层与应用层之间的一种基于 RSA 和保密密钥的用于浏览器与服务器之间的安全连接技术,SSL 协议通过数字签名和数字证书来实行身份验证。SET,即安全电子交易协议（Secure Electronic Transaction）：SET协议是 B2C ± 基于信用卡支付模式而设计的,它保证了开放网络上使用信用卡进行在线购物的安全。SET 协议主要是为了解决用户、商家、银行之间通过信用卡的交易而设计的,它具有保证交易数据的完整性、交易的不可抵赖性等优点,因此成为目前公认的信用卡网上交易的国际标准。

（三）跨境电子支付认证

跨境电子支付认证包括三种：

1. 针对持卡人的认证——3D 验证

3D 验证服务包括交易密码验证和个性化信息验证,交易密码验证是指通过持卡人在 3D 验证和注册时自行设定的交易密码来核实身份,借此为持卡人在互联网上使用信用卡提供安全保障。当持卡人在任何参与 3D 验证服务的商户网站进行网上支付时,必须使用该交易密码。国内主流银行基本上都有这个 3D 验证服务,在跨境电子支付过程中,一些支付渠道也会提供 3D 通道,即能够一定程度上保证用户身份的有效性,降低拒付等交易风险。

2. 针对商户的安全认证

Verisign 是一家提供智能信息基础设施服务的公司,Trustwave 是一家面向企业和公共部门提供信息安全性与遵规性管理解决方案的全球性供应商。

3. 针对电子商务商户的信誉评级

BizRate 是美国著名的比较购物网站,成立于 1996 年,网站逐步发展演变为购物搜索引擎,它提供以比较购物模式为基础的服务。通过 BizRate 用户不仅可以用多种方式进行检索,如产品名称、品牌名、网站名称等,用户还可以对产品进行评比,可以发表自己的意见,这些信息也可以被别的用户参考。在美国 Better Business Bureau 这个全国性中心企业组织所成立的网站安全认证机构,它所提供的认证服务有 Reliability Seal、Privacy Seal、Kids'Privacy Seal 三种。

项目三　跨境电子商务支付结算方式

跨境电子支付业务发生的外汇资金流动,必然涉及资金结售汇与收付汇。从目前支付业务发展情况看,我国跨境电子支付结算的方式主要有跨境支付购汇方式(含第三方购汇支付、境外电商接受人民币支付、通过国内银行购汇汇出等)、跨境收入结汇方式(含第三方收结汇、通过国内银行汇款,以结汇或个人名义拆分结汇流入等)。常见的跨境电子商务支付结算方式有银行卡支付和第三方工具支付。

在境内,网上支付工具类型较多,从消费者的总体使用习惯来看,以第三方支付、网银、货到付款为主,还有银行汇款、邮局转账等方式作为补充,交易资金来源主要是境内发行的银联卡。在境外,使用银行卡组织提供的支付工具进行网上支付约占七成,境外第三方支付居次要位置,交易资金来源主要是银行卡组织的信用卡和签名借记卡。

一、银行卡跨境网上支付

金融危机爆发以来,许多境外企业为解决融资和流动性降低的困难,以有效控制运营和销售的成本,都在谋求既能节约成本、提升销售量,又能快速回笼资金的经营和销售模式。网上支付不仅可以极大地提升资金周转效率,提供更加先进的支付手段,其自身安全、便捷、低成本的特点也逐渐受到企业和网民的认同。境外市场内需的降低引发的市场扩张需求,与我国的互联网支付的高速成长相得益彰,随着电子商务环境的规范,我国的银行卡跨境网上支付必将成为经济全球化的大势所趋。

(一)银行卡跨境网上支付模式及现状

互联网支付具备便利、快速、实时、安全、交互和个性化等支付特征,使人们足不出户即可在成千上万的网上商家购买商品,对人类社会传统的面对面钱货两清的交易方式产生重大的影响。银行卡作为一种电子化货币形态,天然地为互联网这种电子化支付渠道提供了货币载体支持。

2017 年,我国的移动支付规模超过 202 万亿,排名全球第一,交易笔数达到 375 亿笔。再来看一下 2016 年的数据,我国移动支付交易金额为 157 万亿,交易笔数 257 亿笔。2017 年对比 2016 年在交易金额和交易笔数方面,分别增长 28.8% 和 46.06%,支付业务量继续保持大幅增长。现在几乎所有餐厅都支持手机支付,市场数据显示,早在 2016 年,中国移动支付的规模大约是美国的 50 倍。2018 年包括 B2B、B2C、C2C 和 O2O 等模式在内的中国进口跨境电商交易规模达 1.9 万亿元,同比增长 26.7%。截至 2018 年 12 月底,我国经常进行跨境网购的用户达 8850 万人,同比增长 34%。

跨境交易的网上支付的快速增长,一方面由于网上支付领域的迅速扩大,已逐渐渗透到保险、航空、理财等资金流通量较高的消费行业,另一方面随着互联网消费市场的成熟,使得互联网支付使用者的数量激增。

全球主流互联网支付模式有四种,分别是银行卡组织模式、第三方网关模式、网银支付模式、直接借记模式。

直接借记模式仅在澳大利亚等少数国家出现。网银支付模式由于发卡行直接跨境拓展商户存在一定的难度,故虽在境内网上支付业务中表现不俗,但却未能在跨境业务中占据主动。由于篇幅所限,我们探讨的范围仅限定在前两种模式。

(二)银行卡组织支付模式在我国的发展

国际银行卡组织从 21 世纪初就一直在致力于银行卡互联网支付业务。传统的"卡不出现"(Card Not Present)业务,如互联网渠道的 MOTO 交易,可以视为传统支付方式向互联网渠道的自然延伸,占据早期银行卡互联网支付的主导地位。但是据银行卡组织的统计数据,在当时的银行卡互联网交易中,84% 有争议的网上交易是由于持卡人否认造成的。为向发卡行及网络商户提供多元化的安全交易认证,也为给持卡人创造安心便利的网络购物环境,银行卡组织推出了以信用卡和数字证书为基础的 SET(Secure Electronic Transaction)互联网支付产品,但由于操作烦琐、交易环节复杂,未能在市场上取得成功。2001 年,VISA 总结经验,提出了安全性稍弱但使用较为方便的银行卡网上支付标准——3D – Secure(简称 3D),并推出自己的互联网支付产品"Verified By VISA"服务(简称 VBV)。从

2001年至2006年,美国互联网支付盗刷风险损失率由此从3.2%下降至1.4%,3D－Secure模式的应用为银行卡组织在互联网支付市场上保持强势地位奠定了坚实的基础。万事达卡、JCB也相继基于3D标准推出了各自的互联网支付解决方案SecureCode和J－Secure,卡组织的互联网支付迅速发展。有报道称,目前JCB国际60%的交易来自互联网支付。

2003年7月,万事达卡率先在中国大陆开展SecureCode业务的推广,VISA也在同期登录中国正式推广VBV服务。中国建设银行、中国银行、招商银行等陆续加入了基于3D安全认证体系,向中国大陆地区的网上商户提供网络支付服务。中国银联在2006年年底针对中国发卡行的特点,推出了其互联网支付产品——CUPSecure,该产品根据是否建设了网银系统为发卡行提出了两种接入模式,使得境内众多银行发行的银行卡均可在互联网上使用。随后,银行卡组织围绕各自产品进行了大量的创新和探索。2008年,VISA推出一种带有密码键盘和显示屏的信用卡,万事达也开始向超过200万的欧洲信用卡持卡人提供基于芯片和密码的网上交易,这些创新举措有效地加强了"卡不出现"交易的欺诈防范。同年12月,VISA联合美国购物网站OneNow.com开通针对中国VISA持卡人的导购和物流服务,中国消费者可通过该网站在美国30万家网上商户进行购物,并享受跨境物流配送服务。

(三)银行卡跨境网上支付的特点

1.消费者群体的构成及特点

在境内和跨境网购交易中,消费者在年龄、收入、文化程度、消费喜好、交易金额和地域分布等方面均存在一定区别。境内网购用户虽然仍以沿海发达城市的年轻群体为主,但是目前主流电子商务平台用户的拓展重点已经开始向线下及更偏远地区转移,随着互联网向西部、农村等区域的渗透持续加大,境内的网上支付必将覆盖到更广的人群,这些人群都有可能向跨境网购群体转移。通过对境内交易消费者和跨境交易消费者的特征进行对比。可以看出,在群体构成方面,跨境消费者主要集中在年轻新锐、高学历成功人士和时尚达人等群体。在购物需求方面,消费者追求时尚和商品性价比,最为看重的境外网上商品是高折扣的奢侈品、境内买不到的新款产品或收藏品以及高质量保证的产品等。在最关心的支付问题方面,关税、汇率、物流和语言障碍等是跨境网购消费者最担心的问题,对于安全、信用、商品价格、货运时间、物流和商品质量的担忧则与境内类似。

2. 消费者跨境网上支付的银行卡使用情况

在跨境网上支付的发展过程中,由于受到境内外市场发展的双重影响,消费者主要习惯于两种主要的支付方式,一是依托国际卡组织及境外第三方提供的网上支付服务产品,使用境内发行的双币信用卡进行跨境网购,集中表现在境外B2C 商户的外币支付;二是借助境内知名第三方的支付工具,使用银联人民币卡进行跨境网购,主要分为境内 C2C 平台人民币代购和境外 B2C 平台的外币购物人民币结算。此外,中国银联推出的互联网支付产品 CUPSecure,除了支持双币信用卡和网上银行的银联卡外,还能为境内没有网上银行功能的部分银联卡提供跨境支付服务。因为该产品对于银联卡持卡人的覆盖面较广,在跨境交易时提供货币转换服务,并免收持卡人的货币转换费,故一经推出便受到境内外持卡人和网上商户的喜爱,逐渐成为跨境网上支付的新宠。

跨境网上支付,必然伴随着资金流动、货币转换及结汇等跨境结算问题。对于境内发行的银行卡,根据卡种类和支付工具的不同,其跨境结算方式也有所不同。

作为我国的银行卡联合组织,中国银联处于我国银行卡产业的核心和枢纽地位,对我国银行卡产业发展发挥着基础性作用。现在,银联卡不仅可以在境外实体商户内使用,借助银联的网上支付产品 CUPSecure,消费者还可以在境外购物网站使用银联卡进行购物消费。境外购物网站所列的商品均以外币标价,支付完成后,将根据银联当日汇率直接从持卡人的银联卡账户扣除相应的人民币,银联负责与境内发卡机构和境外互联网收单机构的资金清算。VISA、万事达卡等国际卡组织提供的互联网支付工具,仅支持使用境内双币信用卡的外币账户支付,卡组织负责币种转换和资金清算。

二、第三方跨境网上支付

在境内网络购物市场繁荣发展的同时,第三方支付企业对境外市场的开拓也在有条不紊地展开。以支付宝为例,2005 年 4 月,支付宝与 VISA 达成战略合作协议,成为中国首家正式推出"VBV"的网上支付平台。2007 年 8 月,支付宝在中国香港正式宣布联合中国银行全面拓展海外业务。2009 年,支付宝与中国银行再次进行深度合作,推出境外收单业务,中国银行作为支付宝境外业务的代理行,为用户提供购汇、换汇等服务。目前,支付宝用户可在二十多个国家和地区的数百家商铺直接支付人民币购买国外商品。

第三方的情况较为复杂,对于 C2C 平台的跨境代购,实质相当于境内业务的延伸,卖家收取人民币,第三方无须结汇;对于第三方与银联或其他国际卡组织的合作,由卡组织负责货币转换和资金清算,第三方无须结汇;在第三方自行在境外发展网上商户的情况下,交易后由第三方统一购汇进行跨境结算。在第三种情况下,第三方将外币标价的产品根据实时外汇价格转换成人民币价格,境内个人支付给人民币给第三方,第三方再代理购汇支付。在这一支付过程中,第三方只是代理购汇手续的中间人,实际的购汇主体仍是个人买家。

(一)第三方跨境网上支付发展的背景

1. 跨境电子商务的发展催生了第三方跨境网上支付发展

近年来,如火如荼的电子商务浪潮很大程度上颠覆了传统购物方式和商业模式,尤其是随着跨境 B2C 的发展,消费者通过网上购物可以享受到境外质优价廉的商品。然而,跨境 B2C 电子商务与国内 B2C 电子商务相比,买卖双方风险更难控制。由于货物和款项在国家间传递交易,物流与资金流在时间和空间上不同步,各国或各区域语言不同、法律各异、相隔万里,这种信息不对称导致商家与消费者的彼此信任度相对较低。因此,安全、便捷的支付方式成为商家和消费者最为关心的问题。正是在这种背景下,第三方支付在跨境小额贸易中应运而生,它在商家与消费者之间建立了一个安全的可以信任的中介,可以对双方进行监督和约束,满足了商家与消费者对信誉和安全的需求。随着我国国内消费者跨境购物需求的增长,一些第三方支付企业如支付宝、财付通、快钱、环讯支付等看到了境外支付业务的巨大市场,开始大力开拓第三方支付境外业务。

2. 对外结算方式的固有缺陷呼吁第三方跨境网上支付发展

目前国际贸易中所使用的结算方式主要有汇付(T/T)、托收(D/P 或 D/A)和信用证(L/C)等,汇付和托收以商业信用为基础,该两种结算方式虽然较为简单、快捷,但出口商收款风险较大且贸易融资不便利。信用证以银行信用为基础,该结算方式虽然有利于出口商降低收款风险和提供融资便利,但由于它是一种纯粹凭单据付款的单据业务,严格要求"单证一致",常常会致使出口商由于一些客观原因而收不到货款。在实践中,信用证受益人通过伪造单据可以骗取货款,而开证申请人也可以利用在信用证中设立"软条款"欺诈受益人和银行。而第三方支付不会出现上述现象,并由于其独特的优势开始在国际支付领域大展拳脚。由于跨境电子商务的每笔成交金额较低,无法承担国际贸易中传统结算方式的费用,而类似 Paypal、支付宝的第三方支付机构提供零费用的支付手段,为跨境电子商务发展解决了跨境支付费用高昂的难题。

3. 第三方网上支付的独特优势促进了其跨境发展

(1)使用方便

第三方支付平台与多家银行合作,为付款人提供了多种银行卡的网关接口,避免了交易双方由开户行的不同或不同银行界面之间转账而带来的烦琐的操作,为网上支付带来极大的便利。买家不必去银行汇款,网上在线支付方便简单。付款成功后,卖家不用去银行查账,第三方支付平台会告知买家是否已付款,可以立刻发货,省时、省心、省力,快速高效。

(2)费用低廉

使用第三方支付的买方,可免费注册账户,支付货款也无手续费,无安装费、网关费、月租费等,这与其他网上支付方式相比较大的削减了商户的成本。以支付宝为例,从 2007 年开始,对淘宝网以外的商家收取一定比例的技术服务费,同时对使用支付宝进行网上支付的所有买家仍继续提供免费服务,用户在使用支付宝进行充值、支付、提现等操作时,仍不收取任何费用。支付宝收费仅针对直接登录支付宝网站使用"我要收款""担保交易收款""转账到支付宝账户""交房租""送礼金""阿里旺旺 AA 收款",主动生成交易订单,完成收款或付款的支付宝交易。

(3)降低诚信风险

第三方支付平台以信用中介方式出现,在买方确认收到货物前,替买卖双方暂时保管货款,待买方发出支付指令时才支付给卖方,大大降低了虚拟的电子商务带来的诚信风险。同时第三方支付平台能够为商家网站提供交易系统分析和实时交易查询的服务,也向买方提供了及时退款和停止支付的服务。此外,第三方支付平台还能向交易双方提供交易的详细记录。

(4)代理购汇

境外购物的付款环节需要把人民币转换成外币,申请手续烦琐,而且境外购物网站大多是外文,语言上的障碍导致部分消费者对安全隐患认识不足。第三方支付机构代理买方购汇,作为购汇的中间人存在,从而不需要进行外币兑换,节省了货币转换费,且保障了支付安全。基于以上独特优势,第三方支付得以与传统境外结算方式匹敌。目前,第三方支付已经将触角伸向境外,大力拓展其跨境支付业务。

(二)第三方跨境网上支付在我国的发展

1. 第三方跨境网上支付在我国发展迅速

我国互联网支付第三方依托自身的资源,围绕着安全和信用问题进行了长期而深入的探索和创新,逐步确立了各自产品的风格和优势,形成了独特的市场格局。这些第三方的交易绝大部分需要依托于网银渠道的交易授权或银行卡组织的转接,总体上属于银行卡支付范畴。从 2009 年的交易规模来看,支付宝稳坐半壁江山,其他众多第三方瓜分剩余市场份额。

21 世纪初,阿里巴巴、8848 等 B2B 电子商务网站相继诞生,但此时的电子商务交易还没有网上支付功能,只能为电子商务提供信息流和物流服务。2004 年,随着网上银行的出现及银行卡组织互联网支付服务在境内的推广,众多第三方企业相继涌现,依托自身的网络支付平台与银行卡组织和网银的合作,形成了基于虚拟账户的信用担保交易模式和虚拟电子货币的主流网上支付模式。这种基于虚拟账户的交易方式独立于交易参与方和银行,承担起对交易及后续支付过程的监控职能,并承诺对交易受损方提供追索手段和赔偿服务,消除了消费者对网上消费的后顾之忧,极大地促进了网上支付产业的发展。当前,第三方的支付工具和支付模式层出不穷,产业更加注重市场细分,在采购、渠道、物流和广告等增值服务方面已经开始向综合化物联网概念发展,如淘宝的"大淘宝"战略概念。主流的第三方将由网上支付平台,向整个网上购物产业链的各个环节深入,组织电子商务产业各环节的供应商,在管理、采购、品牌、广告、物流、资金、营销等方面,为消费者和大中小卖家提供个性化产品和服务。此外,第三方的网上业务也开始向网下发展,银行卡支付渠道的联系更为紧密,如支付宝与拉卡拉联合推出的拉卡拉便民支付服务等。

2.跨境第三方支付案例——支付宝

(1)支付宝的支付流程

支付宝的运行流程是:买卖双方在网上达成交易合意之后,买方向支付宝发出支付命令,支付宝从买方账户中扣除货款并转移到自己的虚拟账户中代为保管,支付宝向卖方发出货款已收妥可以发货的通知,卖家在收到支付宝货款收妥的通知后发出货物。待买家收到货物并确认后,向支付宝发出支付指令,该款项划到卖家支付宝账户。该模式推广到跨境支付领域亦是如此,只是消费者或采购商与卖方处于不同国家或地区,这种交易模式的实质是第三方支付平台作为买卖双方的中间人,为整个交易提供了信用担保。能否提供一种安全、便捷的支付方式,是跨境交易中商家和消费者最为关心的问题。支付宝作为淘宝网解决网络交易安全所设的一个功能,非常重视用户的支付安全问题。其安全性在国内交易中具体表现在如下几个方面:

A.“支付宝账户”对用户实行双重身份认证

“支付宝账户”对用户实行身份证认证及对其提交的银行卡认证。2012 年 1 月公布的《支付机构互联网支付业务管理办法(征求意见稿)》,规定支付账户的开立实行实名制,支付机构对客户身份信息的真实性负责。注册支付宝的个人用户在注册时需要填写个人真实姓名、身份证号码等身份基本信息,信息填写不准确、未通过验证的用户所注册的账户将不能使用收款、查询收支明细等功能。支付宝通过与中华人民共和国公安部全国居民身份证号码查询服务中心合作进行对用户的身份证真伪进行认证,并与各家银行合作验证用户的银行卡信息与身份证信息是否一致。这种严格的身份认证制度使支付宝的网络欺诈率仅为万分之二。

B.“支付宝账户”为用户提供两个密码和双重保障服务

用户在使用支付宝的过程中常会使用两个密码,登录密码及支付密码,且密码只允许两次输错,第三次输错时系统将对此账户进行 3 个小时的锁定。支付宝也为用户提供了短信通知功能,有修改密码、使用支付宝账户余额付款、申请提现、取回密码、更新登记的银行账号、修改 E－mail 地址等操作的时候,用户会收到短信通知,进一步加强了用户的账户安全。

(2)支付宝进军国际支付领域

基于支付宝的独特优势,支付宝正积极把在国内贸易中的营运模式运用到国际贸易结算中,将触角延伸到跨境电子支付领域。例如,2007 年 8 月,支付宝正式推出跨境支付业务,向境内买家和境外卖家提供一站式的资金结算解决方案,此项业务支持包括英镑、美元、日元、加拿大元、澳大利亚元、欧元等在内的 20 种货币。截至 2015 年,支付宝已经签约境外商户 600 多家。

支付宝的境外收单业务是针对境内个人零星购买国外商家的产品,它的具体购汇支付方法如下:

支付宝将这些外币标价的产品根据实时外汇价格转换成人民币价格,境内个人先将人民币支付给支付宝账户,支付宝再代理购汇支付。这一支付过程中,支付宝只是起到代理购汇手续的中间人,实际的购汇主体仍是个人买家。

支付宝眼下正努力推动快捷支付功能的支持工作,目前已有莎莎、草莓网等中国香港购物网站以及日本、韩国大部分服装品牌网站加入其中。在支持境外消费者跨境到境内网站消费方面,自 2008 年起,支付宝陆续在港澳台地区推出 Visa 和万事达卡支付服务,帮助开通 Visa 和万事达卡 3D 认证的信用卡用户,通过支付宝来完成支付业务,实现在境内网站购物。2011 年 9 月 5 日,支付宝收购了安卡国际集团旗下的安卡支付,进入国际航空支付领域的同时奠定了深度拓展跨境业务的基础。随后,支付宝又突破了国际支付的技术障碍,形成强大的跨境支付的技术实力。

(三)第三方跨境网上支付的问题与完善构想

1. 第三方跨境网上支付的服务问题

出现交易不真实现象的对策。在第三方支付境外收单业务中,由第三方支付企业作为支付中介存在,境内买家并不明确知晓境外卖家的银行账户信息,因此,境内个人办理涉外支出申报事实上难以实施。如以第三方支付企业为主体统一进行购汇并向境外卖家支付,银行并不了解国内买方及国外卖方的真实交易背景,也无法查找交易双方的准确身份信息,因此难以进行有关的审核。对于跨境交易背景和资金来源及流向的真实性,银行也无法审核,造成了监管的漏洞,第三方支付平台容易成为非法资金的流通渠道,带来跨境洗钱的风险。交易双方通过制造虚假交易,就能在第三方支付平台上完成资金转移,达到"热钱"流入的目的。另外,用户通过伪造身份信息在虚假交易的掩盖下,办理购汇业务以套取外汇,有可能构成非法倒卖外汇的犯罪行为。由于第三方支付企业难以得到交易的真实信息,第三方支付容易为"热钱"、非法资金等异常资金的流入所利用,诱发非法套汇甚至国际犯罪的风险,存在法律监管真空。第三方支付企业与境外银行或境外支付机构合作,而我国监管机构无法对境外支付机构进行监管。因此,第三方支付企业与境外支付机构的合作可以说是一个监管的灰色地带,这样也带来了第三方支付企业在监管层面违规操作的可能。同时,与如火如荼发展的跨境电子商务不同步的是国内相关法律并不完善,尤其是在第三方跨境网上支付领域的立法更是几近空白,这在一定程度上制约了我国网上支付的发展。2010 年 6 月,中国人民银行发布了《非金融机构支付服务管理办法》(以下简称《办法》),第三方支付企业从此取得了合法地位,明确了其对非金融机构支付服务的监管职责,并从准入资质、审批程序、客户备付金管理、监督管理及过渡期等方面进行全面监管。然而,该《办法》仅能约束第三方支付企业的国内支付业务,并未涉及有关跨境支付业务的监管,导致相关企业在开展跨境支付业务时无章可循、无法可依。因此,在第三方支付国际化发展的过程中,我国监管部门如何进行监管定位,怎样监管,已经成为监管当局必须面对和思考的问题。

2. 完善第三方跨境网上支付服务的构想

(1)建立第三方支付企业的自律机制

目前,第三方支付企业境外业务处于初创时期,由于网络支付具有发展迅速、涉及范围广、形式多样、技术性强等特 点,因此可以容许第三方支付企业进行商业性探索,鼓励行业进行一定程度的自律。由上述问题可以看出,客户身份不易识别是引起跨境第三方支付诸多问题的根源,因此第三方支付机构做好客户身份的识别工作,将有助于政府部门的各类监管、遏制倒卖外汇、洗钱等犯罪行为。第三方支付企业应了解和审核用户的身份资料、业务范围、资信状况、交易历史记录等信息,并及时更新客户交易及身份等相关信息。这种识别工作有以下作用:

第一,第三方支付企业可根据收集到的用户信息确定为其代购外汇的额度,可有效控制倒卖外汇的不法行为。

第二，能够为发现可疑交易提供依据，并为司法机关审判、侦查提供证据。如支付宝为了保障境内消费者跨境支付的安全，对每一家签约的境外商户都进行了严格的审核。

第三，对于境外消费者的境内支付，支付宝则采取了与国内支付相同的安全策略来保障用户的支付安全。

（2）加快第三方支付企业跨境服务立法进程

仅靠行业自律显然远远不够，我国应尽快出台跨境支付管理办法，加快填补第三方支付企业跨境业务这块监管空白。对第三方支付机构的规范主要应当考虑以下几个方面：

一是确保交易资金的安全。第三方支付提供的是一种支付中介服务，如何确保用户交易资金安全，不随意挪用冻结在第三方支付企业中的沉淀资金，以免发生支付危机，应是监管部门急需解决的问题；二是建立实时监控信息系统。针对第三方支付企业的交易数据进行追踪采集和层次分析，客户交易一旦不符合通常模式就能被自动识别，并及时反馈和调查。对违规操作的第三方支付企业实施严惩，甚至可以取缔开展跨境业务的资格；三是加强风险监管，打击洗钱犯罪和非法套汇等行为。政府监管部门应严格要求第三方支付企业建立反洗钱制度，设立专人负责对大额和可疑资金交易的记录、分析和报告，协助司法机关、海关等部门查询、冻结、扣划涉嫌非法资金转移的客户资金。此外，第三方企业跨境支付的洗钱犯罪具有国际化特征，资金往往通过网络交易的模式流通跨越国境，仅靠一国单方面的监管方式很难达到效果。我国作为发展中国家，应当借鉴发达国家的反网络洗钱经验，与其他国家和国际反洗钱组织缔结相应的国际法律文件，联合打击洗钱犯罪。

由于跨境电子商务飞速发展，传统国际支付方式存在各种缺陷，以支付宝为代表的第三方支付企业开始涉足跨境支付业务。但第三方支付跨境发展仍处于迅猛发展的初始阶段，且第三方支付毕竟提供的是商业信用，本身存在着安全风险，加之法律法规不完善，容易出现交易不真实的现象以及监管真空，因此，建立和健全第三方支付企业的自律机制，以及加快第三方支付企业跨境服务立法进程尤显迫切。总之，跨境第三方支付是一种比较便利安全的支付工具，相信随着其自身的不断完善，将为更多跨境消费者提供服务。

项目四　跨境电子商务支付的监管

　　跨境电子商务与跨境第三方支付呈现出新的特点,给外汇管理带来挑战。我们应创新管理理念,探索适应业务特点的监管模式,以促进这一新兴业务的持续健康发展,同时有效防范跨境资金流动风险。

一、在风险可控的基础上,促进贸易便利化

　　跨境电子商务与跨境第三方支付不仅为进出口企业提供了网上交易及支付的便利途径,还通过第三方支付机构的信用中介功能,降低了国内企业进入新市场的信用风险,有力地推动了我国贸易便利化的进程。但是,在我国对外汇资金跨境流动实行较严格监管的背景下,跨境第三方支付从多个方面突破了现有的监管体系,产生资金流动的新风险。对此,外汇监管部门应积极应对,努力平衡严控风险与促进发展的需求,在充分肯定跨境第三方支付发展积极意义的同时,大力做好调查研究,找准风险点,制定具有针对性、可行性、可操作性的监管措施,保障我国跨境第三方支付行业的平稳有序发展。

二、先试点后推广,积极推动跨境第三方支付行业发展

　　为更好地控制风险,稳步促进支付机构的发展,有条件地逐步推广不失为一个合理的选择。第一,可先允许具有一定规模、风险控制措施完备的支付机构开展跨境外汇互联网支付业务试点,针对真实背景下的跨境互联网交易提供代理收结汇和结售汇 服务。外汇管理部门则要对试点企业做好辅导工作,指导企业在外汇监管框架内建立健全各项内控制度,同时还要注意根据企业业务开展情况不断调整监管措施,总结监管经验,为将来第三方支付机构全面进入市场打好基础。第二,外汇管理部门对支付机构跨境支付的监管应以业务监管为基本原则,根据不同业务所涉及的不同资金跨境 流动方式实行有针对性的监管,电子支付渠道由互联网逐步放开,业务范围由小额货物贸易和部分交易价格明确的服务贸易逐步扩大

到大额或价格波动较大的货物和服务贸易,并制定正式管理办法予以全面推广。

三、将跨境电子商务外汇收支纳入经常项目外汇管理范畴

跨境电子商务是将传统的国际贸易流程电子化,交易的主要内容仍为商品和服务。因此,应比照传统国际贸易管理原则,将跨境电子商务外汇收支纳入经常项目外汇管理范畴,按照"真实性、便利性和均衡管理"原则对其进行管理,确保交易的合法合规。相关部门要制定具体的外汇业务管理规定,进一步明确第三方支付机构业务办理资格和范围以及与合作银行之间的职责分工。

一是明确对第三方支付机构的管理要求,将第三方支付机构视同外汇指定银行进行管理,明确其应对交易的真实性负责,并围绕这一原则,建立客户身份识别制度、交易记录保存制度,建立健全风险控制制度和内部监督制度。二是明确对合作银行的管理要求。合作银行应对第三方支付机构代收付环节进行审核,代交易主体对跨境电子支付交易进行逐笔申报。外汇管理部门要加强对银行和第三方支付机构的非现场核查及现场检查。同时,参照货物贸易和服务贸易外汇管理模式,全面采集支付机构订单、物流数据和国际收支申报逐笔数据,按照交易项目分别纳入货物贸易外汇监测系统和服务贸易外汇业务非现场监管系统管理,在此基础上实行总量核查和非现场监管。

四、通过信用分类监管模式,构建全方位监管体系

跨境电子商务和跨境第三方支付管理涉及工商、海关、税务、商务及外汇管理等多个部门。外汇管理部门在对跨境外汇资金流动制定监管措施时,既要充分考虑我国外汇管理的工作实际,又要积极主动地与相关部门进行协调,不断推动跨境电子商务和第三方支付行业的全方位监管体系的建立和完善。

在具体操作上,可考虑联合相关部门,制定可信标准,建立跨境电子商务信用监管公共服务平台。商户主动将订单、支付和物流等数据上传至平台,由平台对其网上交易记录进行认证,将订单流、资金流和物流"三流合一",交叉核对,保障交易的真实性和合法性。纳入可信体系的商户可享受海关、工商、税务及外汇管理等部门提供的便捷服务。

模块四　跨境电子商务物流

学习目标

知识目标:通过本课程的教学,使学生掌握跨境电子商务物流知识,能够掌握跨境电子商务物流流程,并根据实际需要初步具备选择适当跨境电子商务实务物流供应商的技能。

能力目标:能根据目标市场、产品选择合适的物流途径。

项目一　跨境电子商务物流概述

一、物流在跨境电子商务业务中的地位

物流是在贸易活动中被交易的实物商品从生产企业或者商家仓储位置转移到买家手中的过程及其有关活动的总称。物流不仅包括物品的搬运和运输,还包括与此相联系的包装、装卸、储存保管、配送和流通加工等。对于跨境电子商务而言,物品经过不同的关境会受到不同的海关监管制度的限制,包括对商品的品类、规格、价值等的规定,跨境的物流运输成本也相对较高,风险较大,因此研究跨境电子商务的物流也是很有必要的。

电商的发展带动了物流的变革和发展,物流的发展又支撑了电商的发展。在跨境电子商务领域亦是如此。跨境电子商务的发展必将带来跨境电子商务物流的变革和发展,跨境电子商务物流的发展将成为支撑跨境电子商务发展的

关键。

（一）跨境电子商务物流是跨境电子商务的组成部分

贸易活动通常是由信息流、资金流、物流三部分构成。跨境电子商务网站是跨境电子商务信息流的表现形式。在跨境电子商务的发展过程中，跨境电子商务的信息流实现了由传统的线下展会形式对接向线上网站形式对接的转变，又进一步发展形成了 B2B 网站形式的对接和 B2C 网站形式对接的不同模式；商务资金支付形式反映了资金流的形态。当前贸易的资金流也由传统的银行支付发展到电子银行支付，随着跨境电子商务的发展，又进一步发展形成了当前的网上在线支付等资金流形式；物流在跨境电子商务业务中承载着货物转移和交付的功能，是跨境电子商务不可或缺的组成部分。离开了物流，跨境电子商务交易将无法实现。

（二）跨境电子商务物流是跨境电子商务的核心环节之一

在贸易活动中，信息流促成了交易双方信息的对接，从而使双方达成交易意向；物流和资金流则使得这种交易意向得以执行和实现，分别反映了交易标的流动和交易资金的流动。因此，物流自然成为贸易活动的核心环节，跨境电子商务物流自然也是跨境电子商务的核心环节之一。

在跨境电子商务业务中，交易双方分处不同国家和地区，交易商品定点客户和数据分析流行趋势，具有个性化、定制化柔性特征，如何实现将交易商品安全、高效地从商家仓储位置交付至买家手中是跨境电子商务买家重点关注的问题，也是当前跨境电子商务商家致力于解决的核心问题之一。安全、高效的跨境电子商务物流将大大改善跨境电子商务买家的消费体验，也是诸多跨境电子商务企业所追求的目标。

（三）当前跨境电子商务物流亟待进一步发展和提升

在当前阶段，跨境电子商务物流是阻碍跨境电子商务发展的一个主要瓶颈，这一点在零售模式的跨境电子商务业务中尤为突出。第一，跨境电子商务物流成本普遍偏高,例如,采用 UPS,FEDEX,DHL 等国际快递运输商品时,当前折扣后至美欧等主流市场的首重价格也要在 100 元人民币左右,部分产品的物流成本等同甚至超过出库成本;第二,跨境电子商务物流的运输时间普遍偏长,例如,当前部分跨境电子商务出口企业采用价格较为低廉的中国邮政小包邮运,其从国内到达欧美等主要市场的交付时间都有可能达到 50 天以上,最短也需要 7 天至 14 天时间;第三,物流过程的透明和追溯性有待提升,尤其是对低廉的邮政小包和 e 邮宝而言,部分的邮运过程甚至无法追踪。整体而言,目前还无法找到一个价格低廉、时效性强、过程透明的跨境电子商务物流供应商,跨境电子商务物流领域进一步发展和提升的空间十分巨大。

二、跨境电子商务物流的特征

跨境电子商务物流是为跨境电子商务服务的,是跨境电子商务的一部分。因此,跨境电子商务物流自然具有与跨境电子商务相对应的某些特征。具体来讲包括以下几个方面。

(一)国际性

跨境电子商务是国际贸易和互联网技术融合发展的结果,是国际贸易的表现形式之一,跨境电子商务物流自然也就是国际物流的一种表现形式。

跨境电子商务物流国际性的表现。第一,每一笔跨境电子商务物流流程均需要经过两次通关,即包括一次出口通关和一次进口通关,因此,各国不同通关政策也成为跨境电子商务物流企业面对的核心业务环节之一。第二,跨境电子商务物流的运营通常是由不同的业务主体在不同的国境之内开展业务的,即便是这些不同的业务主体属于同一家跨国公司,也有可能会因为处于不同国家而产生业务流程操作规范的不同。

(二)分散化

虽然广义的跨境电子商务包括了批发模式(B2B)和零售模式(B2C)两种主

要的交易模式。但是不容否认,零售模式才是当前跨境电子商务发展的热点,所以狭义的跨境电子商务概念指向零售模式。

零售模式下的跨境电子商务使得跨境电子商务订单呈现扁平化、碎片化的特征,即来自不同地区、不同国家的买家直接向跨境电子商务商家下订单,越过了传统的批发渠道,而且订单也更具有不同的个性特征。扁平化、碎片化的订单使得跨境电子商务物流呈现分散化的特征。由于订单量小而且需要运输至不同的买家手中,跨境电子商务物流中大部分是用快递形式实现的,这与传统国际贸易的集装箱运输模式产生了明显区别。

跨境电子商务领域目前已经提出了海外仓的概念。使用海外仓的跨境电子商务物流业务中,虽然头程运输可能会采用传统的大批量运输方式,但是中国以外的后程运输延迟时间长,受当地物流配置和人力成本制约大。

(三)交互化

跨境电子商务本身就是信息技术革命产生的结果,跨境电子商务物流自然充斥着信息化的特征。在跨境电子商务物流的仓储环节,订单分拣会消耗大量人力,先进的跨境电子商务仓库正在实现自动化的分拣;在出运环节,运单信息的填制是一个烦琐的事情,ERP(企业资源计划)软件已经较好地解决了这个问题,使得网络订单地址与快递运单实现了自动匹配;在运输环节,客户希望随时能够看到自己购买的商品已经运到哪里了,所以跨境电子商务物流供应商正在为实现运输过程在线追溯化而努力。

三、跨境电子商务物流的发展现状

随着跨境电子商务的迅速发展,跨境电子商务物流的发展也日新月异。当前跨境电子商务物流的发展可以总结为以下几点。

(一)以国际快递为代表的跨境电子商务物流发展迅速

国际快递是当前跨境电子商务物流的主要表现形式。零售模式下零散、扁平的跨境电商订单带动了快递业务的发展。近几年,快递业务呈现井喷式发展。据国家邮政局公布的数据显示,2019年,全国快递服务企业业务量累计完成635.2亿件,同比增长25.3%;业务收入累计完成7497.8亿元,同比增长24.2%。其中,同城业务量累计完成110.4亿件,同比下降3.3%;异地业务量累计完成510.5亿件,同比增长33.7%;国际业务量累计完成14.4亿件,同比增长29.9%。

(二)新的跨境电子商务物流模式不断涌现

跨境电子商务是随着世界经济全球化、扁平化、信息化而产生的新的贸易形态。昂贵的快递费用和漫长的运输时间一直是阻碍跨境电子商务业务以更高速度发展的核心瓶颈。这也促使跨境电子商务企业和跨境电子商务物流企业都在积极探索更经济、更高效、更透明的跨境电子商务物流方案和模式。

海外仓是目前跨境电子商务出口领域大家普遍比较认可的一种模式。所谓海外仓即由跨境电子商务企业或者跨境电子商务物流企业在海外建设转运仓库,利用大数据分析市场需求从而做出需求预测,将跨境电子商务物流的前程运输转为成本低廉但运输时效差的海运模式,而后程运输转为消费者所在国家的国内快递模式,从而实现降低成本、提高时效的目的。

在跨境电子商务进口领域,则形成了保税和集货两种新型的模式。保税模式与出口的海外仓模式有些类似,即跨境电子商务进口业务经营者在国内的保税区建设仓库,依据大数据预测消费者需求后,安排先将交易货物用海运运至保税区仓库存储,然后待消费者下单后再以国内快递形式发出。集货模式则是在消费者下单后由物流供应商在海外的仓库集中,然后通过海运运至国内,在国内再转为快递运输。

四、跨境电子商务物流未来发展方向

全球化、扁平化、信息化的世界经济形势促生了跨境电子商务。国际性、分散化、交互化的跨境电子商务物流既体现了跨境电子商务交易的需求,也是未来跨境电子商务物流持续发展所面临的问题。为了解决这些问题,预计跨境电子商务物流将会呈现以下发展趋势。

一是跨境电子商务物流便利化将持续推进。为了促进跨境电子商务的持续发展,预计各主要贸易国在政府层面上对跨境电子商务物流通关将会提供多方位的支持,促进跨境电子商务通关便利化的发展。例如,中国建立了与跨境电子商务相适应的通关制度,对跨境电子商务进出口货物落实"清单核放、汇总申报"制度,为跨境电子商务货物通关提供了便利;再如美国主导下形成的"WTO电子传输关税豁免",支持跨境电子商务和跨境电子商务物流的发展。

二是跨境电子商务物流的标准化会逐步形成。目前的跨境电子商务物流发展处于起步阶段,尚未形成特别明确的跨境电子商务物流模式和标准。随着跨境电子商务的发展,跨境物流供应商将通过优化仓储布局来提升跨境电子商务物流的时效性,降低跨境电子商务物流成本。与此同时,跨境电子商务物流的服务标准将会逐步形成。这将有利于跨境电子商务从业者根据 自己的产品特征选择不同的物流服务模式。

三是跨境电子商务物流网络将会触及全球的每一个角落。跨境电子商务本身就是将不同国家或地区的市场,运用互联网实现了相互链接。跨境电子商务物流则是通过整合不同国家或地区的物流供应商,实现了货物在全球范围内递送。随着跨境电子商务的发展,会有越来越多的物流供应商加入跨境电子商务物流的业务整合之中,由此跨境电子商务物流网络将会触及全球的每一个角落。

总之,伴随着跨境电子商务的快速发展,跨境电子商务物流终将形成遍及全球,兼顾时效和成本的高效物流网络。

项目二 跨境电子商务物流模式

当前跨境电子商务模式的划分主要是根据物流方向来划分的。因此,跨境电子商务物流模式的划分可以分为出口跨境电子商务物流模式和进口跨境电子商务物流模式两大类。出口跨境电子商务物流模式又可以根据商品的不同分为邮政、快递物流模式和海外仓物流模式两种主要形式;进口跨境电子商务物流模式又可以分为一般进口物流模式、集货进口物流模式和保税进口物流模式三个主要形式。

一、出口跨境电子商务物流模式

在跨境电子商务出口业务中,有些卖家是直接通过邮政、快递等物流渠道直接将商品寄送给买家,这种模式可以称作邮政、快递物流模式;有些卖家是先将货物以 B2B 模式通过海运或者空运运送至海外的仓库,然后等买家下单后直接将货物从海外仓库发送至买家手中,这种模式叫作海外仓模式。

(一)邮政、快递物流模式

当前中小企业开展的跨境电子商务 B2C 出口业务中,绝大多数都是通过亚马逊(Amazon)、速卖通(Aliexpress)、易贝(eBay)等跨境电子商务平台或者自建站平台向境外的消费者开展销售的。消费者下订单之后,卖家则是通过邮政或者快递等方式将商品寄送给境外的消费者。

传统上,通过邮政/快递等物流模式寄送跨境电子商务商品出境在海关监管方面是按照个人物品出境的,货物出境后无法通过正常渠道退税和结汇。为了促进跨境电子商务的发展和规范,中华人民共和国海关总署于 2014 年 2 月增列了"跨境贸易电子商务(9610)"的监管代码,规范了邮政、快递物流的跨境电子商务出口,对邮政、快递物流出口的跨境电子商务商品实施"清单核放、汇总申报"模式,报关后可以退税和正常结汇。

邮政途径的物流模式主要是通过"国际小包"实现。重量在 2000 克以内,外包装 长宽高之和小于 90 厘米,且最长边小于 60 厘米,通过邮政空邮服务寄往国外的小邮包,可以称为国际小包。国际小包分为普通空邮(Normal Air Mail,非挂号)和挂号(Registered AirMail)两种。前者费率较低,邮政不提供跟踪查询服务,后者费率稍高,可提供网上跟踪查询服务。一般跨境电子商务 B2C 卖家所销售的电子产品、饰品、配件、服装、工艺品都可以采用此种方式来发货。目前常见的国际小包服务渠道有:中国邮政小包、新加坡邮政小包、中国香港邮政小包、荷兰小包、瑞士小包、俄罗斯小包等。其中以中国香港邮政小包最受欢迎,时效最为稳定,售后查询规范,但价格偏高。中国邮政小包价格较低,但大部分国家时效不稳定,售后查询周期偏长,丢件一般赔偿 3 倍运费。

以中国邮政国际小包为例,重量在 2000 克以内(阿富汗除外)通过邮政服务寄往 国外的小邮包称为国际小包。各类小件物品,除禁止寄递和超过规定限量寄递的以外, 都可以作为国际小包寄递。

整体来看,采用邮政渠道寄送商品,借用了"万国邮政联盟"的庞大网络,具有寄送费用低、寄送方式简便、寄送范围广等特征。相对于其他运输方式(如快递)来说,国际小包服务有绝对的价格优势。采用此种发货方式可最大限度地降低成本,提升价格竞争力。国际小包交寄方便,且计费方式全球统一,不计首重和续重,大大简化了运费核算与成本控制。国际小包可以将产品送达全球几乎任何一个国家或地区的客户手中,只要有邮局的地方都可以到达,扩展了跨境电子商务卖家的市场空间。

国际小包物流服务价格包括邮费、处理费、挂号费及保险费(如适用)。国际小包的邮费是按照包裹的重量进行计费的。普通空邮(非挂号)邮件按 85 元/公斤收费,挂号邮件按 110 元/公斤收费。邮费按包裹实际重量计收,不计首重续重。同时,根据发货量可享受相应的价格优惠。根据每次交寄的包裹数量,每件包裹处理费从 4 元到 0 元不等。如果选择发挂号,每件邮件的挂号费为 13 元。挂号件可以选择购买易网邮保险服务,保险费为 7.8 元/件。上述价格为一般价格,如果发货量大,可从货代争取更加优惠的结算价格,降低物流成本。

中国邮政服务特色:

第一,覆盖全球的庞大网络。拓展更广阔的市场空间,凭借"万国邮政联盟"的庞大网络,邮政国际小包通达全球200多个国家和地区,大大拓展市场空间。

第二,顺畅的通关能力,有效提高发货时效。中国邮政与海关有长期良好的合作关系,使货物通关更加便利。

第三,更合理的资费。降低货运成本与其他运输方式500克起计价比较,国际小包100克起计算运费更加合理,最大限度地降低成本,提升价格竞争力。

第四,安全可靠的运输服务,免除后续烦恼。国际小包可以选择挂号服务,不但方便查询,还可避免丢失小包的烦恼。一般查询可以根据挂号条码,对邮件的状态、过程进行查询,查询数量无限制。大客户定制查询,可以根据收寄的时间、邮件的频次和状态定制查询,并将查询结果导出、编辑。

第五,提供仓储、理货、拣货、寄递一条龙服务。

第六,为跨境电子商务市场提供整合的全球化运递服务。跨境电子商务速卖通平台有超过90%的卖家都在使用中国邮政国际小包。

第七,快捷多样的运输方式。

快递途径的物流模式主要是通过EMS,DHL,UPS,FedEx,TNT和顺丰速运等快递公司的国际快递业务将跨境电子商务售卖商品递送至客户手中。快递递送跨境电子商务商品的优点是速度快、递送及时,运输过程透明可查询;缺点是大部分快递物流费用较高。因此,采用快递递送的跨境电子商务商品主要是一些货值高、重量轻的商品。例如,假发、饰品等。

中国邮政速递物流公司推出的e邮宝业务价格较为低廉,颇受跨境电子商务商家的青睐。国际e邮宝和中国香港国际小包服务一样是针对轻小件物品的空邮产品,目前该业务限于为中国电商卖家寄件人提供发向美国、加拿大、英国、法国和澳大利亚的包裹寄递服务。国际e邮宝正常情况下7至10个工作日即可完成妥投,在国内段使用 EMS 网络进行发运;出口至美国后,美国邮政将通过其国内一类函件网(First Class)投递邮件。通关采用国际领先的 EMI 电子报关系统,保障投递的包裹迅速准确地运抵目的地。

DHL,UPS,FedEx/TNT 等国际快递巨头在保障跨境电子商务商品递送时间方面具有绝对优势,但是高昂的运输费用使其仅仅适用于部分高附加值的商品运输。如在国内跨境电子商务 B2C 领域比较成功的假发产品,多数都是采用这些国际快递递送的。当跨境电子商务企业的发货量较大时,也可以从这些国际快递公司拿到较大的费用折扣。

国内快递巨头顺丰速运于 2014 年进军跨境电子商务国际快递领域。顺丰国际是顺丰速运集团最新打造的国际电商物流服务平台,致力于为全球消费者和电商提供专业化的全球物流解决方案。顺丰国际利用顺丰在全球丰富的物流网络资源,为电商企业开展跨境电子商务提供保税仓储、海外仓储、集货和进出口电商包裹配送等服务。

专线快递是随着跨境电子商务的兴起而兴起的一类快递物流服务方式。这类快递公司专注于一个或者几个目的地国家,自身主要承担将在国内集约后的货物从国内向目的地国运输的职责,然后将自身的运输与目的地国的国内快递实现有效对接。从而达到降低费用、保障时效的结果。国内较为知名的专线快递公司包括递四方、三态速递等。

递四方速递公司是递四方科技集团中以国际物流和全球仓储服务为核心的物流供应链服务商,是专业的国际速递公共平台运营商,为客户和合作伙伴提供国际速递渠道及系统平台服务。递四方速递(4PX EXPRESS)始建于2004 年 6 月,公司依托十年丰富的行业经验和技术创新能力,打造出 3 大类,20 余种物流服务,可以满足跨国电商几乎所有的物流需求,包括商业快递(DHL/FEDEX/UPS/TNT/ARAMEX),邮政服务(新加坡邮政、中国邮政、中国香港邮政的空邮小包平邮、挂号、EMS 等)、自有品牌服务(海外仓库订单宝服务、联邮通服务、专线服务等)。4PX 通过业务合作和资本收购的方式,不断整合世界各地地区性的优秀速递相关资源,铸就递四方多渠道辐射全球的国际速递网络平台。

递四方速递在全球拥有 1300 名专业物流服务人员,全国有 40 个服务网点,5 个国内自营仓库(北京、上海、广州、深圳、义乌),5 个国际海外分公司及仓库(美、德、英、澳、中国香港),是 3 万家 B2C 商户的首选物流仓储服务商。递四方也是 eBay、PayPal 谷歌、亚马逊、阿里巴巴速卖通、敦煌网的官方合作伙伴及推荐物流商。

三态速递是深圳一家经营国际速递业务的公司,拥有 2000 平方米的包裹处理中心,目前公司在职员工 300 人。三态速递通过运营三态物流交易网,提供国际快递在线查询和交易服务。作为第三方物流服务商,三态速递集成了多家国际知名国际速递公司的业务和价格,是客户的"国际速递比价网"和"国际快递超市"。为保证价格和折扣的真实可靠,三态物流网的价格每日更新,为客户提供实时的国际快递选择。三态速递还利用自主创新的中美、中欧等专线快递提供门到门的国际快递业务。

三态速递提供超低价格的国际速递和邮寄服务,所有国际速递均通过全球知名公司派送,网站日处理国际包裹数万件,送至全球 200 多个国家,是 eBay,PayPal,贝通网和慧聪网等国际知名电子商务网站推荐的国际速递公司。

(二)海外仓物流模式

无论是邮政还是快递,都存在或价格高或速度慢等缺点,这些都成为跨境电子商务物流的最大弱点,也成为制约跨境电子商务发展的关键。为了解决这些问题,提升跨境电子商务的用户体验,跨境电子商务经营者和跨境电子商务物流企业都在积极研究解决方案。经过一段时间的摸索,目前业内普遍认为,海外仓物流模式是一个比较好的解决方案。

所谓海外仓物流模式,是在跨境电子商务买家所在国内建设存储仓库,利用跨境电子商务销售平台的大数据,分析未来一段时间可能的销售量,所售货物先用普通国际贸易的海运或空运运至存储仓库,待到客户下单后直接从本国存储仓库寄送至买家手中。

这种模式一方面大大减少了从买家下单到货物递送至买家手中的时间,提升了客户体验;同时,还利用传统国际贸易的海运或空运物流通道,大大降低了跨境电子商务物流的成本和费用。

当前的海外仓物流模式,包括跨境电子商务平台自建的海外仓、专业物流公司建设的海外仓及跨境电子商务卖家探索建立的海外仓三种类型。跨境电子商务平台自建的海外仓最著名的当属亚马逊的 FBA 仓,另外易贝和速卖通也开始在海外建设自己的或合作的海外仓。第三方专业物流公司建设的海外仓中当前比较著名的有飞鸟国际、出口易(CK1)、递四方(4PX)等。第三方物流公司的海外仓通常会与跨境电子商务平台合作,为平台商家提供物流仓储服务。还有部分跨境电子商务卖家也在尝试自行在目的地市场建立海外仓。这些企业在目的地国市场租赁或者购买一个仓库甚至只是一栋房屋,注册公司,将货物由国内发往这家境外公司,接到客户订单后,从上述仓库或者房屋包装分拣快递货物给客户。

FBA,全称 Fulfillment by Amazon,即亚马逊提供的代发货服务。亚马逊在美国、加拿大、日本等国家都建有自己的配送仓库,为商家提供包括仓储,拣货打包,派送,收款,客服与退货处理的一条龙式物流服务。

亚马逊卖家使用 FBA 的优势包括:

第一,提高卖家排名,FBA 可以帮助卖家成为特色卖家和抢夺购物车,提高客户的信任度和销售额。

第二,提升配送时效。亚马逊具有多年丰富的物流经验,仓库遍布全世界(多靠近 机场),采用智能化管理,大大提高了配送时效。

第三,提供专业客服,抹掉由物流引起的差评纠纷,提升卖家形象。

第四,亚马逊对单价超过 300 美元的产品免除所有 FBA 物流费用。

但是 FBA 的劣势也很明显:

第一,一般来说费用比国内发货稍微偏高,但是也要看产品重量。

第二,缺乏灵活性。FBA 只能用英文和客户沟通,而且用邮件沟通回复不会像第三方海外仓客服那么及时。

第三，如果前期工作没做好，标签扫描出问题会影响货物入库，甚至入不了库的情况。

第四，目前亚马逊的 FBA 仓库暂时不提供退换货服务，一般发生争议只给予买家退款处理，如果由于卖家账号出现问题或者产品有质量问题，亚马逊会有两种处理方式，一是货物退到由卖家提供的国外当地地址并由买家支付产生的处理费及运费；二是直接销毁货物同时收取销毁费用。

飞鸟国际是一家在英国注册的国际物流公司。英国海外仓储服务是公司针对广大中国电子商务卖家的需求，为卖家提供的仓储、分拣、包装、派送等项目的一站式服务。卖家将货物存储到飞鸟系统英国仓库，当买家下订单时，可以第一时间做出快速响应，及时进行货物的分拣、包装，并且从英国运送到其他欧洲国家不需要再进行二次报关，减少了清关所占用时间。同时，借助英国曼彻斯特的航空网络，以及英国到其他欧洲国家运距短等特点，可以确保货物安全、准确、及时、低成本地到达终端买家手中。建设海外仓的第三方物流公司的国内操作中心多数集中在深圳。这些公司借助深圳和中国香港的便捷物流通道，将货物以较快的速度运至海外仓库。这类公司比较知名的还有出口易（CK1）、递四方（4PX）等。

卖家自建海外仓储物流的公司中比较著名有兰亭集势（Lightinthebox）。2015 年 2 月，该公司位于美国内华达州雷诺市的第一个北美海外仓正式投入运营。目前，全国各地的一些成规模的跨境电子商务卖家纷纷以各种形式在海外建立自己的发货基地。

海外仓的建设即是满足当前跨境电子商务出口的必须，又代表了中国跨境电子商务企业走向海外的潮流，是中国经济升级扩张的经典案例。

二、进口跨境电子商务物流模式

进口跨境电子商务物流模式通常分为三种：一是一般进口的物流模式，即最传统的邮运、快递，甚至随身携带进口等模式，这是最传统的跨境电子商务进口模式,又被称作海淘、代购模式;二是专业物流公司组织的集货进口模式,即买家在进口跨境电子商务网站下订单后,由专业物流公司将货物在海外集中处理,再以普通国际贸易海运或者空运进口至境内;三是保税进口物流模式,即进口跨境电子商务先将货物以普通国际贸易进口海运或者空运方式运至国内的保税区仓库,然后按照买家订单内容从保税区向买家寄送发货。

(一)一般进口物流模式

一般进口物流模式即为传统的邮政运输、快递物流进口模式,这与邮政运输、快递出口模式是对应的。在跨境电子商务受到普遍重视之前,多数跨境电子商务领域售卖的商品都是通过此种途径进境的,再由国内快递递送至消费者手中。

跨境电子商务进口商品以个人物品形式完成进口通关,因此也是以个人物品形式缴纳进口行邮税的。按照《中华人民共和国海关法》有关规定,行邮税是行李和邮递物品进口税的简称,是海关对入境旅客行李物品和个人邮递物品征收的进口税。由于其中包含了进口环节的增值税和消费税,故也为对个人非贸易性入境物品征收的进口关税和进口工商税收的总称。课税对象包括入境旅客、运输工具,服务人员携带的应税行李物品、个人邮递物品、馈赠物品以及以其他方式入境的个人物品等。按照《中华人民共和国进出口关税条例》,关税税额在50元人民币以下的一票货物可以免征,因此,多数跨境电子商务 进口货物的单票纳税额都被拆分到了50元人民币以下。

(二)集货进口物流模式

由于传统的邮运和快递等方式物流成本较高,为了降低物流成本,专业物流公司在海外货源地建立仓库,将分散采购的跨境电子商务商品集中采用集装箱运输至国内,这种模式叫作集货进口物流模式。集货进口货物通关时要集中逐项扫描,目前仍然看作私人邮购、快件方式进境。

在物流企业方面,继顺丰速运、申通快递推出海淘转运服务后,上海韵达货运有限公司(以下简称"韵达")也于 2014 年 9 月初切入中美海淘转运;韵达还上线了海淘代购网站"易购达"(www. ebuyda. com)。

部分跨境电商专线物流供应商也利用自己的海外仓开通了海淘转运业务,例如,跨境电子商务专线物流供应商递四方(4PX)就开通了"转运四方"平台(www. transrush. com)。目前,各大物流企业的海外集货仓主要集中在中国香港、韩国、日本、美国等进口商品来源地集中地区。

(三)保税进口物流模式

集货进口模式或者转运模式虽然降低了运输成本,但是运输时间依然较长。通常转运时间需要 10 天至 15 天,较长的运输时间大大降低了客户的用户体验。因此,部分跨境电商进口商将商品预先运至保税区仓库,待到客户下单后再从保税区发货,这样就跟国内运输时间一致了,大大提高了客户的物流用户体验。

但是由保税区内向保税区外个人发货突破了保税区原有管理规定。增列"保税跨境贸易电子商务(1210)"监管模式,目前该模式仅仅适用于上海、宁波、杭州、郑州、重庆、广州、深圳这 7 个城市的指定保税园区。

宁波是中国最早实施保税备货进口试点的城市,2013 年 11 月就开始了此类试点,也是目前试点最成功的口岸。目前国内各大电商纷纷涉足跨境电子商务进口业务,阿里巴巴成立了天猫国际,京东商城成立了京东全球购,苏宁易购成立了苏宁海外购,各大独立进口跨境电子商务企业也纷纷崛起,例如,洋码头、蜜芽宝贝等。这些企业纷纷在上述 7 个城市的保税场所设立了保税进口仓库。

整体来看,保税进口由于运费低、用时短,消费者的用户体验最好,但是受制于地域限制,只能局限于这 7 个城市的保税场所,而且需要跨境电子商务进口商运用大数据预测产品的销量,有可能产生库存积压。一般进口和集运进口虽不会产生库存积压,但是高昂的运费和较长的运输期限则大大影响了跨境电子商务消费者的用户体验。

项目三 跨境电子商务物流的新形式

一、跨境电子商务仓储

（一）仓储管理的定义

仓储管理也叫仓库管理，英文 Warehouse Management，简称 WM，指对仓储设施布局和设计以及仓储作业所进行的计划、组织、协调与控制。

仓储管理的目的是为企业保证仓储商品的完好无损，确保生产经营活动的正常进行，并在此基础上对各类商品的活动状况进行分类记录，以明确的图表方式表达仓储商品在数量、品质方面的状况，以及所在的地理位置、部门、订单归属和仓储分散程度等情况的综合管理形式。

（二）跨境电子商务仓储的定义

跨境电子商务仓储管理则是在跨境电子商务过程中考虑对仓储商品的收发、结存等活动的有效控制，以期达到仓储管理的目的。

（三）跨境电子商务仓储如何为销售提供服务

跨境电子商务仓库主要是为销售部门提供服务，提高其服务质量可以采用五种方法：7R 交货服务、信息准确完整、确保装卸品质、及时给予退换货和热情友好的咨询服务。

1.7R 交货服务

仓库交货服务有 7R 的标准，R 的英文指 Right，意思是交货服务要达到合适的、适合的基本要求。"7R"包括以下内容。

第一，合适的产品（Right Production），指客户需要的产品；

第二,正确的地点(Right Place),指送货要送到正确地方;

第三,低廉的价格(Right Price),指装卸费、搬运费等物流费用要控制在一定价格内;

第四,服务的思想(Right Service),指为销售、生产、财务、采购各方面提供良好的服务;

第五,稳定的质量(Right Quality),指仓储工作质量,包括装卸质量、盘点的质量、日常的报表、登账、做账的准确度和及时性;

第六,正确的数量(Right Quantity),指根据需要的数量发货,不要多发或少发;

第七,最短的时间(Right Time),指速度快,因为企业竞争靠的是速度,谁能够以最快的速度为客户提供好服务,谁就是赢家。

2. 信息准确完整

信息的反馈要做到六个字:及时、准确、完整,缺一不可,以保证信息、沟通反馈不出问题。

3. 确保装卸的品质

跨境电子商务仓库严格禁止野蛮装卸,要明确装卸的注意事项,确保装卸品质。

4. 及时给予退换货

跨境电子商务中不免出现退换货的处理,涉及退换货的商品,仓储管理要及时处理,不及时给予退换货对销售的负面影响很大,更影响到客户的满意度。

5. 热情友好的咨询服务

仓储部门对库存量的查询等问题要提供热情友好的咨询服务。仓储部门虽是一个服务机构,但不是简单的后勤机构,因此工作的核心也是服务。

(四)跨境电子商务仓储的目标优化

1."以时间抢空间"的仓储总体目标

优化时间代表速度,速度越快,用的时间越少;速度越慢,用的时间越多。

空间指的是仓库的空间,仓储入库、出库的速度越快,所需要的仓库空间越小,说明商品没有乱堆放,及时处理了呆料、旧料、废料、边角料,仓库管理得越好。

"以时间抢空间"就是指仓储的作业速度越快,需要的空间就越小,周转越慢,仓库所需的空间会变得越来越大。

仓储管理就是对仓储产品的收发、保管、包装、流通加工和信息反馈的有效控制及对其数量和质量的保证,做到整洁有序。仓储管理的最高境界是实现零仓库。

2."多快好省"的仓储作业目标优化

"多快好省"的仓储作业目标主要包括四个方面:多储存;快进货、快出货;保管好;省费用。

二、新型智能仓储技术

大数据、计算、物联网、人工智能技术的成熟发展,可以对物流各环节进行信息化和高效率的管理,提高运输、配送效率、减少损耗,并可指导生产制造,为消费者提供更好的服务体验,推动仓储物流向智慧化升级。

(一)AGV(自动导引运输车)

自动导引运输车(Automated Guided Vehicle,AGV)是装备有电磁或光学等自动导引装置,能够沿规定的导引路径行驶,具有安全保护以及各种移载功能的运输车。

图 4 - 3 - 1 AGV(自动导引运输车)

(二)RFID(无线射频识别)

无线射频识别(Radio Frequency Identification , RFID)是一种非接触自动识别技术,基本原理是利用射频信号和空间耦合(电感或电磁耦合)或雷达反射的传输特性,实现对被识别物体的自动识别。

图 4 - 3 - 2 RFID(无线射频识别)

（三）无人仓

从商品的入库、储存、拣选、分拣、出库等一系列流程,在无人仓中都可以用相应的自动化设备或者机器人替代。

图 4 - 3 - 3   无人仓

模块五　跨境电子商务网络零售

学习目标

知识目标:通过本课程的教学,使学生熟悉并学会利用电子商务平台开发国际贸易客户的基本思路和基本方法,能够掌握客户开发过程中的一些具体处理的技巧及客户跟进、客户管理的措施,使学生掌握跨境电商的基础理论知识,初步具备进行跨境电商实务操作的各项专业基本技能。

能力目标:具备跨境电商运营的基本职业道德,热爱国际贸易工作,虚心学习,勤奋工作,遵守行业法律、法规。

跨境网络零售作为跨境电子商务的一个重要组成部分,其产生和发展具有其特定的背景:一是20世纪80年代电子数据交换(EDI)技术提升了国际贸易的效率和便利化水平,改变了品类单一、数量庞大、周期较长的传统国际贸易运营方式;二是以互联网、物联网、移动通信、电子商务技术为支撑的跨境电子商务,使得国际贸易的商品不再局限于大额贸易,小额多频次贸易也可以实现,这就给普通个人和个体经营商户提供了参与国际贸易的可能性,消费者可以通过网上下单、小包行邮的方式,购买国外销售商的商品,售卖者也可以通过同样方式将商品卖到国外去。三是金融支付和物流体系等支撑体系日益完善,大大推动了跨境电子商务的发展。四是近些年来,伴随着电子商务的发展,催生了新一代的买家,他们数量众多、交易数额不大、交易周期短、频率高,分散在世界各地,随着这一群体规模的扩大,跨境零售市场形成,从而推动商业化、规模化企业行为出现,逐渐形成新业态和新产业。虽然从交易总额看,跨境网络零售占比仅为1.5%,但因参与门槛低、主体多、范围广、普通个人和个体经营者都可以参与其中,影响深远,因此将跨境零售作为本书一项内容详细讲述。

83

项目一 网络零售概述

一、跨境网络零售的概念

跨境网络零售也叫作"在线国际贸易"（Online International Trade），是指分处不同关境的交易双方，通过互联网达成交易并进行线上支付、完成物流的零售活动。其主要特点如下。

第一，交易双方分处不同的国家（或地区）。

第二，在互联网上达成交易。

第三，交易额相对较小。

第四，购买者以国外个体消费者为主。

其中，第三条和第四条是跨境网络零售和跨境电子商务的最关键区别。从范围上来看，跨境电子商务包含跨境网络零售，跨境网络零售是跨境电子商务的其中一种模式，B2C，C2C 都是跨境网络零售。

新零售，英文是 New Retailing，即个人、企业以互联网为依托，通过运用大数据、人工智能等先进技术手段，对商品的生产、流通与销售过程进行升级改造，进而重塑业态结构与生态圈，并对线上服务、线下体验以及现代物流进行深度融合的零售新模式。

微商是基于移动互联网的空间，借助于社交软件为工具，以人为中心，社交为纽带的新商业。

如今微商的模式已经逐渐成熟，掌握好微商的运营手段，能够帮助我们快速提升品牌核心竞争力以及市场占有率，以下为微商运营模式。

（一）直销模式

直销模式是只需经销商缴纳一定的代理费用，没有任何级别之分，所有人都是同一起跑线。在产品拿货价也是一样的，并且由品牌方直接发货，以零售为主导。这种模式省去了中间加价的环节,对于代理商来说,这是一种较为轻松且利润稳定的模式,而对于品牌方来说则需要承担囤货的风险。

(二)线下体验模式

线下体验模式其实是一种线上加线下的模式,在层级中设置三至五级代理商,保持固定规模,同时开辟线下的体验店。通过线上线下的融合,更加贴近消费者的生活场景。线下能够解决微商的不真实感、无归属感、售后等问题,让消费者和代理商更加放心。

(三)三级分销模式

三级分销模式是通过企业品牌方主导,设立三级代理模式,严格制定制度来控制代理人数和不同级别的定价。管理上较为严格,会加强代理销售技能的培训,但是很多物料都是由企业负责,代理们只需负责零售工作和招募代理工作。

二、跨境网络零售的发展条件

(一)跨境网络零售的发展是建立在电子商务发展的基础之上

信息技术在国际贸易领域的应用最早可以追溯到 20 世纪中后期。20 世纪70 年代,自动取款机(又称 ATM)、POS 机出现,并首次在网络商业中应用;1990年,互联网技术对全社会开放;1997 年,随着互联网在全球普及,在互联网基础上的商业应用获得了迅猛发展。信息技术尤其是互联网技术的发展,带来了商业的创新,出现了一批新型的电子商务企业,如亚马逊、eBay、阿里巴巴等,不仅使交易产品和交易主体发生改变,带来了市场结构的改变,而且对传统国际贸易带来了前所未有的变革,全球涉足国际市场的生产、销售等企业纷纷积极开发和利用电子商务方式开展全球业务。它们采用电子数据交换(EDI)、电子邮件(E-mail)、电子公告牌、电子转账、安全认证等多种技术方式努力实现国际贸易过程的电子化,使贸易效率更加优化、贸易流程更加快捷,带来全球交易方式的改变,促进了全球经济贸易的发展。

（二）跨境平台的发展对国际贸易产生实质性影响

互联网平台在商业领域的探索始于 1995 年 9 月，第三方拍卖平台 eBay 成立，现已成为世界上最大的网上拍卖公司。eBay 从成立之初就将企业定位于全球市场，早在 1998 年便开始了其开拓美国海外市场的步伐。eBay 的全球战略定位是：提供一个既本土又全球、既地方又世界（global is local）的网上交易平台。从这一点来说，eBay 基本上是将其在美国的成功模式复制到世界其他国家，主要服务于地区市场，并没有对国际贸易产生重大影响。而真正使得互联网平台对国际贸易领域产生实质性影响是第三方跨境服务平台的出现。

跨境电商平台已经给国际贸易带来了至关重要的影响，使得中小微企业甚至个人都可以参与到国际贸易中来，从而带来了跨境网络零售的发展，小订单、多频次订单日渐增多。根据万国邮政联盟（简称万国邮联）统计，全球跨境包裹数量从 2003 年以来，基本处于增长趋势，其占全球总包裹数量的比例也在不断增加。

我国跨境电商平台的发展始于 1998 年 10 月，中华人民共和国对外贸易部开始赋予私营生产企业和科研院所自营进出口权，这标志着私营企业首次进入国际贸易领域。1998 年，中国制造网成立，旨在利用互联网将中国制造的产品介绍给全球采购商。1999 年，阿里巴巴成立，主要为中国从事国际贸易的中小企业提供信息撮合服务，一出现便受到极大欢迎，仅在成立两年后，阿里巴巴便成为全球首个达到 100 万注册会员的 B2B 网站。但企业在从事国际贸易的过程中，不仅要面临寻找贸易商的难题，还面临拿到订单之后融资难、出口手续繁杂等问题。2001 年，一达通成立，通过网络技术手段，把贸易流程标准化，开创了规模化服务中小企业的先河，提供如融资、清关、运输、保险等一站式服务，中小企业可以在一达通的平台获得更优惠的运输、保险费率，更方便的融资渠道和手续办理。

（三）跨境物流的发展是跨境网络零售发展的关键因素

跨境物流一直是制约整个跨境电商行业发展的关键因素，其发展水平直接影响着跨境电子商务的效率和效益。当然跨境电子商务的发展增加了对跨境物流的需求，也极大地促进了跨境物流的发展。

近年来,跨境电商物流供应链体系逐步完善,从最初单一的国际快递、国际物流服务向跨境物流产品化发展,一批依托国际贸易电商的跨境供应链服务平台应运而生。目前,跨境网络零售的物流有三种方式——国际小包和快递、海外仓储、聚集后规模化运输。邮政小包业务依托其基本覆盖全球的邮政网络,迅速拓展物流渠道。据不完全统计,中国跨境电商出口业 70% 的包裹通过邮政系统投递,其中中国邮政占据 50% 左右的份额,可以直达全球 60 多个国家和地区。国际快递除了 UPS,Fedex,DHL,TNT 这四大巨头外,国内快递公司也纷纷涉足国际业务,顺丰、圆通、申通等都已经开辟了国际业务,顺丰目前有全货机 38 架,其中 18 架自有。而联邦快递的机队规模已超过 600 架。截至目前,中国邮政的员工数量已经超过了 93 万,拥有 32 架专用飞机,并开始用无人机投递包裹。转运中心遍布全球主要航空枢纽。跨境电子商务发展势头强劲,国内电子商务纷纷涉足跨境电子商务领域,并搭建自己的物流体系,海外仓因为能够在第一时间对买家需求做出快速响应而在近两年成为业内较为推崇的物流方式,国家、地方政府、跨境电商平台、物流企业等纷纷开始建设海外仓,海外仓的迅速发展进一步促进了跨境网络零售的发展。

在国内快递企业当中,顺丰是最早布局海外市场的企业之一,而日前推出的欧洲专递服务是顺丰针对跨境电商出口市场的第三款产品。据介绍,该专递从深圳始发,5 至 8 个工作日即可通达欧盟 26 个主要国家。

与此同时,圆通速递也携手菜鸟网络正式开通"上海浦东—韩国仁川—青岛—香港—上海浦东"国际航线包机业务。中通快递也将目光投向了跨境物流。随后,"中通国际"正式上线,专门从事国际物流、国际包裹业务、跨境电商出口或进口业务。此前,"顺丰海淘"、圆通"一城一品"、韵达 U – DA("优递爱")也已先后上线,国内各大快递公司抢占跨境物流市场的雄心一览无遗。

(四)跨境网络支付的发展是跨境网络零售发展的重要条件

传统国际贸易方式下支付主要是通过银行间的国际结算完成,跨境电子商务支付方式则选择国际性的第三方支付平台(如贝宝 PayPal)。随着跨境电子商务进入高速发展期,跨境网络支付问题日益凸显,传统银行开始转型,越来越多的第三方支付也开始切入跨境支付服务,通过与银行合作打通境内外资金往来结算的通道。2014 年 4 月,京东网银在线等五家第三方支付机构获得第二批跨境支付牌照。2015 年 2 月,中国人民银行上海总部在上海自贸区启动了支付机构跨境人民币业务试点,银联支付、快钱、通联等五家支付机构与合作银行对接签约。跨境网络支付的发展为跨境网络零售插上了迅速腾飞的翅膀。

PayPal 等国外第三方支付很早就进入中国市场。但因为其后台运行依靠人民币兑换成外汇再进行结算,汇率的波动可能会给消费者带来不小的损失。自 2004 年年底支付宝成立以来,第三方支付行业在中国的发展经历了十多年时间。早在 2007 年,支付宝即开始与银行合作试水跨境支付业务,将货币兑换和付款流程由其托管银行完成,曲线实现跨境支付。随后,财付通、快钱等第三方支付机构纷纷跟进。支付宝、财付通还分别与万事达卡旗下的 DataCash 集团和全球知名电子支付提供商 Cybersource、Asia - pay 达成战略合作协议,发展跨境支付业务,为用户提供国际支付解决方案。2015 年 8 月国内知名跨境支付服务公司钱海网络正式发力俄罗斯市场,宣布已与俄罗斯三大电子钱包公司(WebMoney,QiWi Wallet,Yandex. Money) A 两大银行(Sberbank,Alfa - Bank)建立了长期稳定的合作伙伴关系,为俄罗斯国内跨境电商企业提供支付网关、收单、风险管理等产品,为其节约时间、技术对接,降低沟通成本及风险。

非银行支付机构网络支付行业的发展大概经历了如下的历程:2008 至 2010 年,伴随着电商的发展,作为网络支付中坚力量的支付机构异军突起。2011 年,人民银行发放首批支付服务牌照,标志着支付机构获得合法地位,极大地推动了支付机构业务的发展。2011 年,快捷支付的出现,大大提高了支付的便捷性和成功率,网络支付快速普及。此后,随着移动通信技术的迅猛发展,网络支付迅速向移动端迁移,支付场景渗透到人们日常生活的方方面面。特别是条码支付的出现,使得移动支付广泛应用于线上线下一体化场景,移动支付交易规模加速增长,并且很好地满足了众多小微企业金融需求,扩大服务实体经济的深度和广度。

网络支付业务已成为零售支付的主流方式。2016 年 10 月,国务院办公厅发布《互联网金融专项整治工作实施方案》,人民银行据此对非银行支付机构客户备付金、跨机构清算业务以及无证经营支付业务等违法违规行为进行整治,加强市场纪律约束,促使支付业务回归本源。合法合规的开拓创新成为网络支付行业发展的主旋律。

目前来看,第三方支付机构在操作跨境人民币支付时,无须进行货币汇兑操作,消费者可以直接使用单币种的人民币卡通过试点支付机构在境外网站进行消费。支付宝服务已覆盖包括服装品牌 Forever21、化妆品 DHC、电商平台乐天等 32 个国家和地区的上千家网站的购物付款,支持英镑、美元、瑞士法郎、欧元、韩元等 15 种海外货币结算。

不过,虽然第三方支付机构跨境人民币支付在技术上已经比较成熟,但目前支持该项服务的网站并不算多,而消费者也表示有此服务的商家还远远不能满足他们的需求。外汇局颁发跨境支付牌照后,各家支付公司已经开始积极布局。但其中也存在一些问题,例如,除了跨境业务发展快于相关政策制定,跨境电商、通关、退税等跨境业务的产业链纷繁复杂,这些都制约着跨境支付和结算的推进;同时,国外企业还需要开设人民币账户,得到监管机构的认可等,这些都需要时间;另外,不少行业人士也对跨境支付表示出了担忧,认为其有可能会违反外汇管理等政策,诱发洗钱、支付系统风险等金融风险,业务操作不透明也会带来监管风险,这些都是需要监管部门和行业成员时刻防范和尽快解决的问题。

(五)跨境网络零售的发展离不开国家政策的扶持

2013 年,我国商务部发布了《关于实施支持跨境电子商务零售出口有关政策意见的通知》,通知中对跨境电子商务模式下的政策措施进行了制定,包括海关监管、跨境结算、信用体系建设等内容。

2016 年,我国财政部等部门联合颁布了《关于跨境电子商务零售进出口税收政策的通知》,对零售方面的相关内容进行了规定。

2018 年 11 月,我国国务院确定将在 2019 年元旦起开始调整跨境电商零售进口政策,对享受税收优惠的相关商品限额进行上调,并扩大产品范围。

第一,支持电子商务平台跨境建设。完善跨境贸易电子商务通关服务;制定便利通关办法,抓紧出台"一次申报、一次查验、一次放行"改革方案;支持国际贸易综合服务企业为中小民营企业出口提供融资、通关、退税等服务,创造条件对服务出口实行零税率,并逐步扩大服务进口。

第二,建立适应电子商务发展的新型海关监管模式,设立跨境电子商务试点城市。2014 年 2 月 10 日起,为"跨境贸易电子商务"增列海关监管方式代码"9610",适用于境内个人或电子商务企业通过电子商务交易平台实现的交易,并采用"清单核放、汇总申报"模式为电子商务零售进出口商品办理通关手续(通过海关特殊监管区域或保税监管场所一线的电子商务零售进出口商品除外)。以"9610"海关监管方式开展电子商务零售进出口业务的电子商务企业、监管场所经营企业、支付企业和物流企业应当按照规定向海关备案,并通过电子商务通关服务平台实时向电子商务通关管理平台传送交易、支付、仓储和物流等数据。2014 年 8 月 1 日,增设海关代码"1210",全称"保税跨境贸易电子商务",简称"保税电商"。适用于境内个人或电子商务企业在经海关认可的电子商务平台实现跨境交易,并通过海关特殊监管区域或保税监管场所进出的电子商务零售进出境商品(海关特殊监管区域、保税监管场所与境内区外[场所外]之间通过电子商务平台交易的零售进出口商品不适用该监管方式)。采用"1210"监管方式用于进口时仅限于经批准开展跨境贸易电子商务进口试点的海关特殊监管区域和保税物流中心。以"1210"海关监管方式开展跨境贸易电子商务零售进出口业务的电子商务企业、海关特殊监管区域或保税监管场所内跨境贸易电子商务经营企业、支付企业和物流企业应当按照规定向海关备案,并通过电子商务平台实时传送交易、支付、仓储和物流等数据。

第三,推进国际贸易"单一窗口"建设,加快促进跨境电子商务零售进口发展的政策措施研究,支持促进国际贸易综合服务企业发展,用"互联网 + 国际贸易"实现优进优出。

上述政策的实施极大地促进了跨境网络零售的发展。

(六)经济危机进一步促进跨境网络零售的发展

在经济危机的影响下,全球经济陷入低速增长的泥潭,在国际市场需求紧缩对外贸企业出口造成严重冲击的同时,国内外贸企业面临的跨境贸易形式也发生了不可逆转的显著变化:传统国际贸易"集装箱"式的大额交易正逐渐被小批量多批次、快速发货的国际贸易订单需求所取代。受到资金链紧张及市场需求乏力等因素的制约,传统贸易进口商尤其是一些中小进口商改变以往过度负债消费模式,将大额采购分割为中小额采购,将长期采购变为短期采购,以期分散风险。经济危机虽然使传统货物贸易方式的采购商普遍缩减采购额,严重打击了传统的国际贸易,但消费者却更希望能以较低的价格购买到同样的商品,这种需求极大地推动了跨境网络零售业务的发展。

三、跨境网络零售主要岗位介绍

(一)初级岗位

初级岗位的特点是掌握跨境电子商务技能,懂得"如何做"跨境电子商务。目前岗位主要有:

1. 客户服务

能采取邮件、电话等沟通渠道,熟练运用英语以及法语、德语等小语种和客户进行交流,售后客服还需了解不同国家的法律,能够处理知识产权纠纷。

2. 视觉设计

既精通设计美学又精通视觉营销,能拍出合适的产品图片和设计美观的页面。

3. 网络推广

熟练运用信息技术编辑、上传、发布产品,能利用搜索引擎优化、交换链接、网站检测技术和基本的数据分析进行产品推广。

(二)中级岗位

中级岗位的特点是熟悉现代商务活动,掌握跨境电子商务技术知识,懂得跨境电子商务"能做什么"。目前岗位主要有:

1. 市场运营管理

既精通互联网,又精通营销推广,了解当地消费者的思维方式和生活方式,能够运用网络营销手段进行产品推广。包括活动策划、商品编辑、商业大数据分析、用户体验分析等。

2. 采购与供应链管理

所有电商平台的成功都是供应链管理的成功。跨境电商从产品方案制订、采购、生产、运输、库存,出口,物流配送等一系列环节都需要专业的供应链管理人才。

3. 国际结算管理

灵活掌握和应用国际结算中的各项规则,能有效控制企业的国际结算风险,切实提升贸易、出口、商品及金融等领域的综合管理能力和应用法律法规能力。

(三)高级岗位

高级岗位的特点是熟悉跨境电子商务前沿理论,能够从战略上洞察和把握跨境电子商务的特点和发展规律,具有前瞻性思维,引领跨境电子商务产业发展,懂得"为什么要做跨境电子商务"。主要包括熟悉跨境电子商务业务的高级职业经理人以及促进跨境电商产业发展的领军人物。

目前众多跨境电商企业多处于初创阶段,客服人员、网络推广人员、视觉设计人员等是最迫切需要的初级人才。随着企业向纵深发展,竞争不断加剧,负责跨境业务运营的商务型中级人才需求会越来越迫切。而有 3 至 5 年大型跨境电商企业管理经验,能引领企业国际化发展的战略管理型高级综合人才更是一将难求。

项目二 网络零售分类

跨境网络零售根据商品流向不同可以分为跨境网络零售"出口模式"和"进口模式"。

一、跨境网络零售出口模式

跨境网络零售出口按照市场主体又可以分为 B2C(Business to Customer)和 C2C(Customer to Customer)两种。

(一)跨境网络零售出口 B2C 模式

B2C 模式按经营方式的不同又分为第三方平台模式和自营模式。

B2C 第三方平台模式,主要由全球较有影响力的大型电子商务平台建立的一种运作模式,平台作为一个媒介,联系买卖双方,目前最具代表性的平台有 eBay、亚马逊,国内有速卖通、中国制造等。B2C 跨境电商所面对的最终客户为个人消费者针对最终客户以网上零售的方式,将产品售卖给个人消费者。

第三方平台利用其广泛的影响力吸引了海量的客户资源,卖家尤其是刚开始进行跨境电子商务业务的卖家最稀缺的资源就是客户流量,因此,借助第三方平台的客户流量迅速让自己的产品、品牌具有一定的知名度、美誉度是最好的办法。第三方平台模式最大的优点就在于能够迅速提供大批的客户流量,同时,第三方平台有整套的信用管理体系,可以对买卖双方进行有效约束,防止交易陷阱的出现。

B2C 自营模式一般都是由第三方平台模式发展而来的,一些电子商务卖家通过较成熟、有知名度的第三方平台销售自己品牌的产品。经过一段时间,品牌知名度、品牌美誉度不断提高,店铺流量和销售量均稳定在一定数量后,为降低平台使用成本,同时扩大自有品牌影响力,很多较有规模的跨境电商开始自建网络平台,进行流量引导或者全新的网络推介。

3C 类跨境电商平台在不同垂直类目的商品销售上也有所不同,如 FocalPrice 主营 3C 数码电子产品,兰亭集势则在婚纱销售上占有绝对优势。3C 类跨境电商市场正在逐渐发展,且在中国整体跨境电商市场交易规模中的占比不断提高。今后 3C 类跨境电商市场将会迎来大规模增长。代表企业有速卖通、亚马逊(Amazon)、兰亭集势、米兰网、大龙网等。

(二)跨境网络零售出口 C2C 模式

C2C 跨境电商所面对的最终客户为个人消费者,商家也是个人卖方。由个人卖家发布售卖的产品和服务的信息、价格等内容,个人买方进行筛选,最终通过电商平台达成交易、进行支付结算,并通过跨境物流送达商品、完成交易。代表企业有 eBay、速卖通等。

消费者同消费者之间进行的电子商务,这样的模式主要存在于网上竞价拍卖的形式即消费者将自己的产品在 C2C 商务平台进行展示,在网上提供拍卖信息,而买方对商品进行竞价购买。

目前,我国可以通过两种方式来从事跨境电子商务小额贸易,一种是以阿里速卖通、易趣网、敦煌网等为主的 C2C 平台,这些电子商务企业主要是提供一个从事跨境电子商务小额贸易的服务平台,它们本身不参与跨境交易的诸如物流、支付等交易环节,它们只是一个跨境贸易平台,国外的买家会通过这些平台浏览产品,直接和卖家沟通,达成交易意向,然后在线下订单,国内的卖家收到订单后会通过邮政小包或者国际快递的方式将产品寄送给卖家。另一种是以兰亭集势和米兰网为代表的 B2C 网站平台,这些平台本身也是外贸企业,因为跨境电子商务小额贸易特点,有些业务量大的企业能够自身集货并发货,但是更多的中小企业由于业务量小或者分散无法靠自己完成集货,这类网站平台会从国内的中小企业那里买断产品,再通过自己的国际贸易互联网平台销售产品卖给海外购买者,海外的购买者通过国际贸易互联网平台下单后,这些互联网平台会把订单信息发给产品的国内供应商,这些供应商组织货以后把货物发送到指定的仓库,仓库对货物进行分类整理最后交由物流合作商或者快递公司,由其发货送至买家。

二、跨境网络零售进口模式

(一)传统海淘模式

传统海淘模式是一种典型的 B2C 模式。"海淘"一词的原意是指中国国内消费者直接到外国 B2C 电商网站上购物,然后通过转运或直邮等方式把商品邮寄回国的购物方式。除直邮品类之外,中国消费者只能借助转运物流的方式完成收货。简单讲就是在海外设有转运仓库的转运公司代消费者在位于国外的转运仓地址收货,之后再通过第三方转运公司自营的跨国物流将商品发送至中国口岸。

境外"海淘"直邮的具体交易流程为:第一步,消费者在境外相关电商平台上选购商品,并与卖方就商品价格、数量、质量达成一致后下单;第二步,消费者使用第三方支付工具,支付订单,预扣关税(实际交易中用银行存款或信用卡支付方式将款项划转到第三方支付工具);第三步,第三方支付通知卖家已付款;第四步,卖方按照合同约定向买家发货,货品抵达海关监管区;第五步,卖方将运输单据提交给第三方支付,即运单号;第六步,第三方支付将支付信息、运单号、物流信息发送至国内口岸海关申报;第七步,海关"三单"信息比对通过后,货品包裹过海关监管区分拣线查验;第八步,快件派送至消费者;第九步,消费者收到货品后,确认货物符合约定,通知第三方支付付款;第十步,第三方支付将款项付给卖家。

(二)海外代购模式

海外代购模式简称"海代",是继"海淘"之后第二个被消费者熟知的跨境网购概念。简单地说,就是身在海外的人、商户为有需求的中国消费者在当地采购所需商品并通过跨境物流将商品送达消费者手中的模式。

海外代购模式分为海外代购平台和微信朋友圈代购。

海外代购平台的运营重点在于尽可能多地吸引符合要求的第三方卖家入驻,不会深度涉入采购、销售以及跨境物流环节。入驻平台的卖家一般都是有海外采购能力或者跨境贸易能力的小商家或个人,他们会定期或根据消费者订单集中采购特定商品,在收到消费者订单后再通过转运或直邮模式将商品发往中国。海外代购平台走的是典型的跨境 C2C 平台路线。代购平台通过向入驻卖家收取入场费、交易费、增值服务费等获取利润。

淘宝全球购、京东海外购、易趣全球集市、美国购物网都属于这类平台。淘宝全球购、京东海外购都具备了一定的流量水平,但交易信用、售后服务等环节始终都是消费者顾虑最大的地方。有不少消费者在发觉买到假货、高仿、出口转内销的商品后,都因为无法实现有效维权而深感郁闷。尽管代购平台的潜在发展规模巨大,但上述问题如果无法获得有效控制,海代市场能否成长到预期中的规模依然存在一个大大的问号。

微信朋友圈代购是依靠熟人或半熟人社交关系从移动社交平台自然生长出来的原始商业形态。虽然社交关系对交易的安全性和商品的真实性起到了一定的背书作用,但受骗的例子并不在少数。在海外代购市场格局完成未来整合后,这种原始模式恐怕将难以为继。

(三)直发、直运平台模式

直发、直运平台模式又被称为 drop shipping 模式。在这一模式下,电商平台将接收到的消费者订单信息发给批发商或厂商,后者则按照订单信息以零售的形式对消费者发送货物。由于供货商是品牌商、批发商或厂商,因此直发、直运是一种典型的 B2C 模式。我们可以将其理解为第三方 B2C 模式。

这类平台的优势为:对跨境供应链的涉入较深,后续发展潜力较大。一方面,直发、直运模式在寻找供货商时是与可靠的海外供应商直接谈判签订跨境零售供货协议的。另一方面,为了解决跨境物流环节的问题,这类电商会选择自建国际物流系统(如洋码头)或者和特定国家的邮政、物流系统达成战略合作关系。

这类平台的劣势为:招商缓慢,前期流量相对不足,前期所需资金体量较大。

这类代表平台包括:天猫国际(综合)、洋码头(北美)、跨境通(上海自贸区)、苏宁全球购(意向中)、海豚村(欧洲)、一帆海购网(日本)、走秀网(全球时尚百货)。

(四)自营 B2C 模式

自营 B2C 模式分为综合型自营和垂直型自营两类:

综合型自营跨境 B2C 平台最具代表性的有亚马逊和 1 号店的"1 号海淘"。亚马逊和 1 号店先后宣布落户上海自贸区开展进口电商业务。它们所出售的商品将以保税进口或者海外直邮的方式入境。优势：跨境供应链管理能力强、强势的供应商管理、较为完善的跨境物流解决方案、后备资金充裕；劣势：业务发展会受到行业政策变动的显著影响。

垂直型自营跨境 B2C 平台的代表有：中粮我买网（食品）、蜜芽宝贝（母婴）、寺库网（奢侈品）、莎莎网（化妆品）、草莓网（化妆品）。垂直是指平台在选择自营品类时会集中于某个特定的范畴，如食品、奢侈品、化妆品、服饰等。优势：供应商管理能力相对较强；劣势：前期需要较大资金支持。

"保税进口"集货模式具体交易流程为：第一步，消费者在跨境电商平台上选购商品，并与卖方就商品价格、数量、质量达成一致后，下单；第二步，消费者使用第三方支付工具，支付订单，预扣关税（实际交易中用银行存款或信用卡支付方式将款项划转到第三方支付工具）；第三步，第三方支付通知卖家已付款；第四步，卖方根据订单在境外分别打包成小包裹，累积满一个集装箱的小包裹后，统一集装箱发货到保税港区；第五步，卖方将运输单据提交给第三方支付，即运单号；第六步，第三方支付将支付信息、运单号、物流信息发送至国内口岸海关申报；第七步，海关比对"三单"信息通过后，货品包裹进入海关监管区分拣线查验；第八步，快件派送至消费者；第九步，消费者收到货品后，确认货物符合约定，通知第三方支付款；第十步，第三方支付将款项付给卖家。

（五）导购、返利平台模式

导购、返利平台模式是新时代互联网电子商务的创新模式，可以分成两部分来理解：引流部分 + 商品交易部分。引流部分是指，通过导购资讯、商品比价、海购社区论坛、海购博客以及用户返利来吸引用户流量；商品交易部分是指，消费者通过站内链接向海外 B2C 电商或者海外代购者提交订单实现跨境购物。为了提升商品品类的丰富度和货源的充裕度，这类平台通常会搭配海外 C2C 代购模式。因此，从交易关系来看，这种模式可以理解为海淘 B2C 模式 + 代购 C2C 模式的综合体。优势：定位于对信息流的整合，模式较轻，较容易开展业务。引流部分可以在较短时期内为平台吸引到不少海购用户，可以比较好地理解消费者前端需求。劣势：长期而言，把规模做大的不确定性比较大，对于跨境供应链把控较弱，进入门槛低，玩家多，相对缺乏竞争优势，若无法尽快达到一定的可持续流量规模，其后续发展可能比较难以维持下去。

（六）海外商品闪购模式

由于跨境闪购所面临的供应链环境比起境内更为复杂,因此在很长一段时间里,涉足跨境闪购的玩家都处于小规模试水阶段。聚美优品的"聚美海外购"和唯品会的"全球特卖"频道纷纷高调亮相网站首页。两家公司都宣称对海外供应商把控力强、绝对正品、全球包邮、一价全包。海外商品闪购模式是一种第三方 B2C 模式。

优势:一旦确立行业地位,将会形成流量集中、货源集中的平台网络优势。劣势:闪购模式对货源、物流的把控能力要求高;对前端用户引流、转化的能力要求高。任何一个环节的能力有所欠缺都可能以失败告终。代表性的平台有:蜜淘网(原 CN 海淘)、天猫国际的环球闪购、1 号店的进口食品闪购活动、聚美优品海外购、宝宝树旗下的杨桃派、唯品会的海外直发专场。综上所述,将部分进口零售电商公司情况进行汇总,见表 5 – 2 – 1 所列。

表 5 – 2 – 1　部分进口零售电商公司情况汇总表

目前模式	B2C/C2C 类别	代表性电商
海外代购平台	代购 C2C	海外全球购
		京东海外购
		易趣全球集市
直发、直运平台	第三方 B2C	天猫国际
		洋码头
		跨境通
自营 B2C 电商	自营 B2C	1 号海购
		中粮我买网
		蜜芽宝贝
导购、返利平台	海淘 B2C + 代购 C2C	55 海淘
		极客海淘网
		一淘海淘频道
跨境闪购平台	第三方 B2C	蜜淘网
		聚美海外购
		唯品会全球特卖

数据来源:网易科技根据公开信息综合整理

三、跨境网络零售 O2O（Online To Offline）模式

线下服务与互联网的电子商务相结合，实现线上消费、线下体验的 O2O 模式，通过互联网在线上揽客，在线下提供服务，消费者通过线上筛选服务，在线支付，通过这种方式卖家可以查询线上推广效果并且追踪每笔消费。

针对跨境网络零售进口商品的 O2 体验目前已在国内逐渐开展。例如，保税区的跨境进口商品零售体验店，消费者可以直接到体验店购买所需商品，也可以通过扫描二维码在线下单，然后等待商品快递到自己的所在地。这为需要进口商品的消费者带来了很大的便利，同时也开拓了跨境网络零售进口的市场规模。

四、平台案例

（一）综合型自营跨境平台

自营型电商通过在线上搭建平台，平台方整合供应商资源通过较低的进价采购商品，然后以较高的售价出售商品，自营型平台主要以商品差价作为盈利模式。

在国内，综合性自营跨境平台的代表商家有来自美国的亚马逊、以沃尔玛作为支撑的 1 号店以及本土逐步发展起来的京东跨境平台。其中，亚马逊和 1 号店在 2014 年先后宣布落户上海自贸区开展进口电商业务，它们所出售的商品以保税进口或者海外直邮的方式入境；京东商城于 2015 年 7 月正式宣布开始跨境业务。

亚马逊致力于成为全球最"以客户为中心"的公司，目前已成为全球商品种类最多的网上零售商。2014 年开始，亚马逊要在上海自贸区设立仓库，以自贸模式（即保税备货），将商品销往中国，这种模式目前还在推进中。海外电商在中国的保税区内自建仓库的模式可以极大地改善跨境网购的速度体验，因此备受电商期待。

"1 号店"2008 年 7 月正式上线，开创了中国电子商务行业"网上超市"的先河。在跨境自营平台中，"1 号海购"的保税进口经营方式可以提前将海外优品进口至上海自贸区备货，消费者下单后，进口优品便可直接从上海自贸区仓库报关报检后发货，从而大幅降低物流成本，缩小国内外商品之间的价格差距。同时，其

配送时间也将大大缩减,顾客下单后,最快可以在第二天收货,让目前普通代购长达半月之久的等待期从此成为历史。除此之外,1号店的战略投资方沃尔玛在国际市场的零售和采购资源整合,将海外优质商家引进入驻1号店,为消费者提供更多的优品选择。

(二)垂直型自营跨境平台

蜜芽宝贝是中国首家进口母婴品牌限时特卖商城。主导"母婴品牌限时特卖",是指每天在网站推荐热门的进口母婴品牌,以低于市场价的折扣力度,在72小时内限量出售,致力于打开跨境电商业务。

蜜芽宝贝的成功得益于上游供应链的成功设置,经过研究其供应链形式,发现蜜芽宝贝的供应链分为四种模式:一是从品牌方的国内总代采购体系采购;二是从国外订货直接采购,经过各口岸走一般贸易形式;三是从国外订货,走宁波和广州的跨境电商试点模式;四是蜜芽的海外公司从国外订货,以直邮的模式报关入境。

(三)第三方平台

洋码头是一家面向中国消费者的跨境电商第三方交易平台。该平台上的卖家可以分为两类,一类是个人买手,模式是C2C,另一类是商户,模式就是M2C。它帮助国外的零售产业跟中国消费者对接,即海外零售商直销给中国消费者,中国消费者应该直购,中间的物流是直邮。三个直即"直销、直购、直邮"。

(四)导购返利平台

在典型的情况下,导购、返利平台会把自己的页面与海外B2C电商的商品销售页面进行对接,一旦产生销售行为,B2C电商就会给予导购平台5%～15%的返点。导购平台则把其所获返点中的一部分作为返利回馈给消费者。

55海淘网是针对国内消费者进行海外网购的返利网站,其返利商家主要是美国、英国、德国等B2C、C2C网站,如亚马逊、eBay等,返利比例在2%～10%,商品覆盖母婴、美妆、服饰、食品等综合品类。

项目三　网络零售业务

近年来,我国和其他国家之间的经济往来越来越频繁,但由于个别国家的贸易保护主义,私自设置贸易壁垒,造成我国和个别国家之间的贸易摩擦不断加剧,再加上我国原材料与劳动力等方面的成本不断增加,致使我国许多外贸企业在跨境电商发展过程中遭遇了严重打击,这些企业也出现了连年亏损,甚至因此而造成企业停产或倒闭。特别是对于中小型外贸企业来说,因其在品牌、资金、专业人才、技术等方面的基础较为薄弱,这使其在运行过程中更是陷入了艰难的境地,对这些中小型贸易企业进行转型升级已经到了势在必行的地步。不过,考虑到我国中小型外贸企业大部分都是以劳动密集型产业为主,这使其无法在短期内独立完成转型升级,为此,如何摆脱我国中小型贸易企业在跨境电商零售出口中所面临的困境,已经成为摆在这些企业面前的重要问题。

(一)目标市场定位

目标客户群体直接关系到企业在选择产品和进行营销时的策略,跨境网络零售的客户群体范围一般是国外中小企业客户和个人客户,企业在确定目标客户群时,要注意从客户的国别、年龄、性别、收入、家庭等方面进行市场细分,确定适合自己的市场范围。

(二)产品选择

确定了企业的目标客户群之后,应该针对客户群体选择适合自己的销售产品。在进行产品选择时,首先要保证产品有合适的盈利空间,简单来讲,单产品毛利=销售单价－采购单价－单品运费成本－平台费用,但实际操作中,还有许多其他的费用。例如,引流成品、运营成本等。在确定有合适的盈利空间的条件下,对产品的选择还应从以下几个角度进行考虑。

1. 目标客户的消费特点

目标客户的消费特点包括其消费产品的质量、价格、款式、品牌等,综合考虑客户消费偏好,选择适合的产品。另外在考虑目标客户的消费特点的同时,还要对市场现有产品和竞争对手进行分析,尽量选择具有竞争优势、特异性的产品。

2. 根据物流条件选择

由于跨境网络零售的物流一般为小包行邮,商品的实际价格是由商品价格和物流费用的总值构成的。卖方在选择产品时,应尽量选择重量轻、体积小且价值高的产品。

3. 符合法律法规

跨境网络零售中符合法律法规,注意是否侵权,包括知识产权侵权和销售侵权。一方面,在选品过程中要注意避免那些有侵权嫌疑的产品,销售此类产品可能导致纠纷。另一方面,有些品牌产品的销售需要获得品牌公司的授权。例如,一般代理、独家代理等。没有获得销售代理权可能会构成销售侵权。

(三)确定产品线

一般来说,产品种类越丰富,对于客户就越便利,但是广铺产品线不仅会增加客服和编辑人员的压力、提高企业运营成本,而且很难跟踪市场变化,出现畅销品缺货、冷门产品滞销的情况。所以,企业要注意选择合适的产品线,既能跟得上市场的变化,满足消费者的需求,又不会带来巨大的运营成本。当然,产品线的选择并不是一次到位的,而是根据销售情况,不断调整优化而成。

(四)货源选择

在确定了目标客户群体和产品线的种类后,需要选择合适的货源。货源渠道可以通过电子商务网站、实体批发市场和生产商寻找。目前,有小部分小微企业采取现采模式,即本身不保留库存,当客户下单后,迅速到货源供应地进行采购。一般这些小微企业都会选择靠近货源供应地的区域建厂。但是这种模式并不能支持规模较大的企业,当产品种类和订单增加时,会大大增加采购成本。

（五）网络营销

网络营销是企业获得海外订单的重要环节,企业这一阶段要注意两方面的问题,第一是对营销渠道的选择,第二是对营销方式的选择。企业在对营销渠道进行选择时,要充分考虑成本收益,将自建网站成本和平台费用以及两方的收益进行比较,选择适合自己的营销渠道。企业在选择平台时,应综合考虑平台费用、平台规则的公平性、平台流量,以及平台所提供的附加服务。选择平台作为营销渠道的企业要注意优化搜索关键词的设定、产品展示的方式,为自己吸引到更多的浏览量和交易额。

企业进行网络营销可以通过自建网页、广告、平台服务和外包服务等方式进行。在进行营销时,要注意对各种营销方式进行比较,将宣传费用花在最有价值的营销方式上。

（六）物流和支付方式

企业在进行物流选择时,可以选择海外仓模式,也可以选择小包行邮,海外仓模式主要是通过租用仓储公司或大企业的海外仓进行,小包行邮模式主要是通过快递公司、邮政、航空进行,企业在进行选择时,要从买家角度出发,为买家所购货物做全方位考虑,包括运费、安全度、运送速度、关税等,在保证物品安全度和速度的情况下尽量选择运费低廉的产品。另外,也可以将支持的运输方式在网页上标明,由买方根据自己的需要来进行选择。

目前,跨境网络零售支持的支付方式有信用卡、支付平台(如 Paypal、支付宝)等,卖方在选择支付方式时要注意考虑提供支付服务的公司对买卖双方的保护政策,避免让自己处于不利地位,还要综合考虑支付手续费,保证自己的盈利空间。

（七）清关和退税

跨境网络零售具有金额小、批次多的特点,加之办理退税的过程较为烦琐,所以很多中小企业不进行申报,也不办理退税,这对企业来讲是一种损失,对海关方面的监管增加了难度。

项目四　网络零售流程

国际贸易活动无论通过哪种方式进行,都要进行"三流"的整合。即信息流、资金流和物流。跨境网络零售由于实现了交易前、交易中,甚至交易后阶段的全部电子化,这些流程的整合在网络零售的业务中显得十分重要。

(一)信息流

信息流的整合主要在交易前阶段进行,跨境电子商务的信息流获取主要是通过国际互联网,企业通过黄页模式在互联网上张贴产品信息来宣传自己,并达成交易。目前提供服务的第三方交易平台都具有信息流整合的功能。

(二)资金流

资金流和物流的整合主要发生在交易中阶段。跨境电商的资金流整合主要包括融资和支付两个方面。

1. 融资

由于国际贸易具有周期长、金额大的特点,许多中小型出口企业在获取订单时如果不能及时筹得货款,就无法进行生产,导致订单无法执行。一般来说,银行对中小企业的经营状况和信用缺乏了解,不愿意轻易对中小企业发放贷款,而中小企业也无法提供证明自己信用的证据,这导致了中小企业贷款难、银行放贷难的问题。为解决这一难题,许多服务平台都与银行进行合作,为中小微出口企业提供贷款支持。一般来讲,平台会根据企业在平台上进行的历史交易数据对企业进行信用评价,相当于利用交易数据建立了一个信用体系,银行根据平台为企业建立的信用体系对优质企业发放贷款。同时服务平台还可以通过从银行获得的贷款率和给中小企业发放的贷款率之间获得差价,增加营业收入。这种方式使得中小企业凭借自己的交易数据可以获得利率更低、更快捷的银行贷款,银行也减轻了对中小企业进行信用考察的负担,而作为中间商的服务平台也从中获得了收入。

2. 支付

从支付方面来看,对于传统国际贸易而言,大额支付涉及信用证、单据和各种商业票据的交换,由于目前各国政府没有出台完整的对于电子商业单据的政策以及完整的电子商务立法,这些商业单证还没有实现统一的标准,大额交易无法通过电子商务的手段进行,因此,网上跨境交易基本上是限于针对消费者的 B2C 或者小额的 B2B 交易,即跨境网络零售。从跨境网络零售的支付手段来看,主要是通过信用卡或第三方网络支付平台进行支付,提供支付平台的企业会从中收取一定的手续费,这增加了跨境电商的支付成本。另外,部分支付平台并没有对买方或卖方进行完全的保护。

(三)物流

由于支付方式的局限性,跨境电子商务在交易中环节只能实现小额交易,即跨境网络零售,其物流方式主要是通过国际小包行邮的方式进行。这种物流方式虽然给跨境网络零售带来了极大的便利,但同时也带来了很多问题。一方面,从监管的角度来看,大量的国际小包的报关主体是邮政或快递公司,不仅没有纳入海关统计,而且大大增加了海关的监管难度;另一方面,国际小包行邮物流时间较长、退换货不方便,经常出现爆仓、延误、缺货等问题。这种有限的物流条件不仅限制了跨境网络零售的产品范围和产品特点,而且阻碍了跨境网络零售的发展。

海外仓模式在一定程度上解决了很多传统小包跨境物流无法解决的问题。海外仓一般是指在除本土地区的境外区域建立海外仓储,用于货物从本国出口,储存到该国的仓库,买家通过网上下单购买所需物品,卖家只需在网上操作,对海外的仓库下达指令完成订单履行。第一,海外仓因为运输方式的多样化,商家在产品种类、体积和重量上有更多的选择空间,这给商家带来了更多的产品选择余地。第二,商家采取海外仓模式,还可以和本土化的清关公司合作,不仅可以使货物的把关和清关流程变得更加顺畅,而且在进出口时避免了大量的小包,按照一般贸易进出口,既减轻了海关监管负担,又方便了进出口统计。第三,它可以降低海外客户试单的时间成本,提高效率,缩短发货时间和退换货时间,并且能提供本土化的售后服务,配以本土化的团队与运作,加上本土化销售,可以健全企业的全球分销渠道。海外仓可以看作是本土化进程的开始,企业只有解决了清关税务、海外客服和本地退货维修的发展,才能建立属于自己的海外仓。但是一般来看,只有大公司才有能力建立海外仓,因为建仓成本不仅在千万美元级别,还面临着人才、系统、管理问题,例如,谈判、适应当地的政策、本地化税费等法务问题。但这并不意味着中小企业无法通过海外仓发展跨境电子商务,无法自建海外仓的企业可以通过租用其他企业的海外仓进行贸易。而且,海外仓也不是唯一的跨境物流模式,对于不想本土化的卖家,也可以通过小包专线提升物流速度。

模块六　国际贸易综合服务

学习目标

　　知识目标：通过本课程的教学，使学生熟悉国际贸易综合服务的基本思路和基本方法，初步具备进行跨境电商实务操作的各项专业基本技能。

　　能力目标：能准确填写产品属性，和产品详细说明，会拟定附加说明条款。

项目一　综合服务概述

一、国际贸易综合服务的产生背景

　　新国际贸易业态中，以跨境电子商务、市场采购贸易、国际贸易综合服务企业为主要形式的国际贸易新业态发展快速，成为我国国际贸易发展的新动力。同时，严峻的资金短缺使中小出口型企业生存更加艰辛。过去中国国际贸易出口的最大优势在于价格的竞争力，但是我国制造业低成本的时代已一去不复返，随着我国国际贸易进入微利时代，流通环节的配套服务对国际贸易的作用将会从初期的忽略不计到产生决定性影响。

　　国际贸易发展的最大障碍是金融和物流服务的缺失，打通中小企业和金融、物流服务之间的障碍，让中小微企业能够得到优良的金融和物流等专业化服务，必须通过一大批以电子商务为先导的全球整合型供应链服务平台来整合资源最终得以实现。基于当前经济转型和产业升级的关键时期，中华人民共和国国务院常务会议推出"外贸国六条";随后,中国人民共和国国务院办公厅又出台83号文件——《关于促进进出口稳增长、调结构的若干意见》,其中第九条意见指出,支持民营外贸企业加快发展。完善对中小民营企业开展进出口业务的服务,支持民营企业结构调整、重组兼并、改善管理。充分发挥外贸综合服务企业的作用,为中小民营企业出口提供通关、融资、退税等服务,抓紧研究促进外贸综合服务企业发展的支持政策。在此背景下,像"阿里巴巴一达通""世贸通"这样的国际贸易综合服务企业进入迅速发展时期,这有助于我国外贸企业的转型发展,但对于国际贸易综合服务企业的理解、模式等的系统介绍,还比较欠缺。

二、国际贸易综合服务的定义

国际贸易综合服务是指以中小微外贸企业为服务对象,以电子商务为工具,以进出口业务流程服务外包为内容,以供应链服务平台为依托,采用流程化、标准化服务,为中小外贸企业提供一站式通关、物流、退税、外汇、保险、融资等政府性服务和商业性服务。其主要特征如下:

(一)主要服务对象为国内的中小微外贸企业

国际贸易综合服务企业服务对象主要是国内的中小微出口型企业。由于该类企业国际贸易业务量不是很大,对国际贸易流程处理不是很多,但国际贸易流程处理专业性很强,中小微外贸企业没有必要为此设岗,通常把国际贸易流程业务外包给国际贸易综合服务企业。

(二)提供一站式服务

国际贸易综合服务企业深入企业交易流程,根据流程环节建立服务模型,通过互联网为中小微企业提供通关、物流、退税、外汇、融资等标准化、规模化、集约化的一站式服务。

(三)创新盈利的方式

国际贸易综合服务企业打破了传统企业降低成本以赚取差价的盈利方式,立足于整个产业链,各环节的企业都成为一个利益共同体,主要提供资金、信息、物流等增值服务,凭借信息、专业知识和人力资源来赚取增值利益,创造了新的盈利方式。

三、国际贸易综合服务企业的运行机制

国际贸易综合服务企业,就是利用信息化手段整合传统国际贸易供应链中各环节资源,在合规的前提下,进行标准化作业,缩短供应链,为广大中小微外贸企业提供信息、物流、通关、外汇、退税、金融等一体化全流程管控的国际贸易综合服务平台。

四、国际贸易综合服务企业本质及其价值创造

(一)国际贸易综合服务企业的本质

国际贸易综合服务企业利用在线上平台,为签署过代理合同的国内外客户提供报关报检、物流、退税、结算、信保等在内的综合服务业务和协助办理融资业务的企业。利用为贸易商家提供报关、商检、退税等"一站式"服务,充分发挥专业化综合服务企业国际贸易技能、信息技术、大数据处理能力等优势,如再借助市场采购贸易,可将大量的分散小单业务集中通关,有效降低交易成本,提高国际贸易效率。使得相对欠缺外销渠道和国际贸易技能的中小贸易企业有更多精力专注在产品生产、提升产品质量、品牌建设上。

电子商务背景下,出现了新的贸易业态——基于单一窗口或国际贸易综合服务平台的"国际贸易综合服务",将贸易和服务分开,对接(商检、税务、海关、法律、外汇等)政府性服务和(银行、保险、运输等)商业性服务,重新组合与贸易相关的各个环节服务,运用互联网 IT 技术打通与各环节窗口、数据的对接,从而实现集约化、标准化、规模化、规范化的国际贸易综合服务,重构全球贸易价值链,并据此进行新的价值创造。(标准化是指可以根据不同行业,品类的产品贸易流程,单独设置。)

从本质上看,国际贸易综合服务企业并没有改变传统的贸易流程,而只是运用互联网 IT 技术,将国际贸易和服务分开,使分工更加专业、有效。

(二)国际贸易综合服务平台的价值创造

1. 为中小企业降低流通成本,提高竞争力

据统计,非制造成本占到我国企业经营成本中的 45%,国际贸易出口中综合物流开支占比高达 30%,是国外的一倍以上,严重影响了市场竞争力。集约化、标准化、规模化的国际贸易综合服务平台以电子商务平台为载体,为中小企业提供进出口贸易过程中的"通关、物流、金融"等具有共性的交易流程外包服务。通过标准化、规模化、信息化的操作模式提升服务效率,降低企业运营成本。具体来看,实施供应链管理外包可以将运输成本降低 5%~15%,将整个供应链的管理运作费用降低 10%~25%;最高资质的通关速度能规避交货期延误的风险,可使企业的准时交货率提高 15%,订单处理周期缩短 25%~35%。北美和西欧的数据表明,供应链管理外包可以使现金周期分别缩短 19.6% 和 26.7%。

2. 基于服务交易数据建立企业信用保障体系,创造其金融服务价值

国际贸易综合服务平台运用自身系统处理能力,将在其平台上进行服务交易所沉淀的数据,作为企业信用保障额度的累积数据,为中小企业提供集监管、申请、投放、还款、放贷等贷前、贷中和贷后一体化的综合资金管理体系。在一定条件下,此信用保障额度累积数据,还将作为平台帮助供应商向买家提供跨境贸易安全保障的依据,形成中小企业商业信用基础。另外,还可以为金融机构进行信息采集,提供有效的存贷依据,降低贷款风险,并且跟进贷后资金运营监控,保证资金应用方向。能够全面激活中小企业的融资系统,有效缓解中小企业生产运营的资金压力,帮助银行改变传统以"存贷差"为主的盈利模式,扩大银行业务对象和范围。

五、国际贸易综合服务流程介绍

国际贸易综合服务企业主要包含贸易代理,物流服务,金融服务,信保服务四个类型服务。可以为国际贸易中小型企业提供一站式服务,即进口报关,贸易代理,双清服务,订舱业务,物流配送,订单跟踪,国际结算,仓储服务,出口退税。

(一)进口报关

1. 申报

目前,海关接受申报的方式一般有三种,即口头申报、书面申报及电子数据交换申报,其中以后两种申报形式为主。

2. 纳税

客户或收到海关的税款缴纳证书后,应在规定的期限内缴纳进口税款。我国《中华人民共和国海关法》对进口货物纳税期限的规定与出口货物相同。进口货物以海关审定的正常 CIF 价格为完税价格。CIF 价格不能确定时,完税价格由海关估定。

在海关出具税单后,由客户直接交纳或代为交纳税金。进口转关货物,按货物运抵指运地海关之日的汇率和税率征税。

3. 查验

海关以经过审核的单证为依据,在海关监管场所(包括口岸码头、车站、机场、邮局等)对所申报的进口货物进行检查,以核对单物是否相符。海关查验时,将派人到现场协助海关工作。

4. 放行

放行是指海关在接受进口货物申报、查验货物,并在客户或缴纳税费后,在货运单据上签印放行。必须凭海关签印的货运单据才能提取或发运进口货物。未经海关放行的海关监管货物,任何单位和个人不得提取或发运。

下面以阿里巴巴—达通公司为例介绍国际贸易综合服务的具体业务流程。一达通可以提供一体化的进出口服务,包含进出口通关、物流、外汇、退税、融资全流程。以通关、外汇等进出口监管环节为基础,保证贸易真实性;以融资为核心,转变国际贸易交易方式,提升国际贸易竞争力;以物流为辐射,形成线下服务网络。

(二)外部服务流程

针对中小企业,以简便、快捷、安全、适用的原则,采用专人对接、团队服务的方式提供服务。

(三)内部服务流程

一达通公司在线进出口服务系统,通过创新的数字化、标准化流程提供进出口服务,不仅可以实时查询进出口规模、进出口开支和各类文件往来,而且提升了服务品质和降低了服务成本,形成完整的信息化服务链条。在便于外部人员操作的同时,确保内部操作系统化、流程化。

(四)金融服务

一达通公司通过电子商务平台与银行信贷平台相结合,为中小企业客户提供供应链融资通道,集退税融资、电子商务、支付结算于一体,为中小企业提供全方位、多层次的综合金融服务方案。运用自身系统处理能力,将监管、申请、投放、还款、放贷等相关融资工作纳入统一的信息化网络处理平台,较好地满足中小企业国际贸易供应链融资小额、动态的特点,为解决中小企业融资难问题找到一个可行的解决方案;同时,一达通平台为银行担负全部的坏账损失,转化银行为中小企业融资风险。银行针对一达通公司等中小微企业融资的需求,统一给予一达通贸易融资贷款授信,授信金额专款专用对应相应的贸易融资产品,保证银行对资金的控制和监管。

(五)风险控制服务

根据服务中小微企业的实际,企业实行横向点面相结合的风险管理与纵向时间序列链条式风险管理相结合的方式,将海关、国检、外管、国税等各监管部门的风险管理要求与企业经营合理性监管有机地联系起来,在资源整合、信息互证的基础上,形成识别准确、反应敏捷、管理有效的企业风险管理体系。

1. 风险控制体系说明

(1)监管风险

企业状况评估是指对企业当前的生产经营、性质、地理位置、税务历史等内容依据相应的评价指标体系进行静态评价。

对企业自身性质进行审核,采用实地考察与电话查验业务范围和生产经营情况相结合的方式,防止代开或虚开票证及其他不实贸易凭据,审核贸易真实性。

对企业进出口活动在海关、国检、外管、国税各监管环节所表现出来的各类风险特征集成交叉评估指标体系。

对企业生产销售产品,按海关监管税则审核要素进行产品预审。

对企业内部财务状况和外部财务环境对比调查,对照国税关注的税务非正常企业进行警示风控。

(2)法律关系风险

对企业进行法律层面定位包括与国内外买卖双方确立相应的购销和供销关系,明确各方法律关系。

(3)操作风险

采用流水线操作,对全部进出口流程进行环节分割,各环节设专岗操作,环节间设依据逻辑算法推进。

(4)资金风险管理

通过对买方信用、卖方信用事前调查,降低贸易个体风险度。根据不同国家、地区资信评级,掌握区域性资金风险控制权。深度介入贸易过程,掌握贸易真实流向、货款收款权等,保证资金的回款率。

2.风险控制网络

(1)事前风险评估控制

对任何产品进行产品通关预审,依据海关审查标准进行通关管理评估、物流监控评估、技术性监管评估。

对产品提取评估数据,纵向与企业历史数据进行参照对比,横向与同类产品数据进行参照对比。

对数据不符合逻辑的情况,进行剥离,采取加强的特别审核,转现场审核部门进行货物的实际审核。

(2)事中风险评估控制

就贸易事项,直接与供货方和采购方沟通,根据贸易特征、下单情况、买卖方属性判断贸易真实性。

根据单证细节进行海关、国税、国检、外管审核重点的交叉比对复核。

在实际报关出货前,对现场货物做申报前实际比对复核,保证单货相符,对异常情况立即进行修正,对不符情况货物返回停止操作。围绕退税,在实际退税前再进行一次贸易真实性复核。

(3)事后风险评估控制

事后对历史数据综合分析,根据各类事故特征,增加风控指标。

项目二　综合服务企业

一、国际贸易综合服务企业的作用

（一）支持国际贸易转型升级，扩大贸易参与群体

培育、发展贸易新业态不仅是党和国家对促进经济发展做出的重大决策，更是新时代中国贸易发展的需要。借助跨境电商平台、促进市场采购贸易、支持国际贸易综合服务企业，使国际贸易更加多元化，发展更加迅速。使生产性中小企业与专业服务公司及中小型企业彼此合作，"互联网＋国际贸易"的跨境电商、各地特色产品集聚区试点的市场采购贸易及专业化的综合服务企业，这些国际贸易新业态、新模式，不但提供了高效便利的国际贸易服务，也为众多中小企业降低了贸易成本，减少流通环节，改变传统粗放的国际贸易增长方式，更促使企业不断提升产业链、供应链、价值链，增强企业创新能力，促进新时代中国国际贸易的转型发展。同时促使企业提升创新能力、产品质量，增强品牌影响力，强化国际规则话语权。

（二）有利于中小企业商业信用的建立

企业商业信用尤其是中小企业商业信用缺失一直是我国社会经济发展的一个难题，也是中小企业融资难的根源所在。国际贸易综合服务平台深入到中小企业国际贸易各个关键环节中，采集最真实全面的交易信息，并将这些宝贵的信息传递给银行用于融资分析和执行。随着企业交易的重复进行，这些信息得到不断累积和完善，从而建立起一套动态可监控的企业商业信息系统，成为中小企业商业信用基础，可全面激活中小企业的融资系统。

（三）帮助中小企业降低成本,做精做细

国际贸易综合服务企业大多拥有专业的通关、物流、税务、金融、法务人员,为企业处理通关、物流、外汇结算等全套业务流程问题,提高了中小微企业进出口业务处理能力,提升了国际贸易效率。依托平台整体规模优势,通过对物流、金融、保险等各方资源的整合,改变中小微企业个体规模小、需求分散,金融、物流、通关、渠道等服务环节严重缺少议价能力的现状,降低中小企业国际贸易交易成本。通过将服务引入企业经营的方式,帮助企业返回核心业务,做精做细。

（四）协助优化政府监管服务资源,扩大进出口

通过国际贸易综合服务平台,对国内外中小企业业务进行批量化处理,统一向海关、税务、商检等监管部门进行业务申请,对各中小企业业务根据监管部门标准采取预审方式进行梳理,有利于扩大进出口。对于出口,有助于减少政企矛盾,降低社会成本,起到协助优化国际贸易监管部门工作的作用;对于进口,有助于海外中小企业解决不熟悉中国进口手续问题,使海外供应商出口我国与出口其他国家一样方便,扩大进口范围和效率。

二、发展空间与战略意义

我国已进入经济转型和产业升级的关键期,国际贸易综合服务企业有很大的发展空间,此类企业可以通过整合资源、创新交易模式、提供国际贸易服务外包,帮助制造业特别是中小企业实现业务管理流程升级,重塑核心竞争力,带动第三方服务业,提升中国产业国际竞争力和定价话语权,发挥助推产业转型升级的引擎作用,从而拓展巨大的市场发展空间。

（一）助推中国制造的转型升级

经过四十多年的发展,中国的制造能力已非常强大,产品性价比无法比拟,信息化建设取得显著成效,海内外信息不对称的问题基本上得以解决,当前影响国际贸易发展的最大障碍出在金融和物流服务的缺失上,尤其是中小企业,更突出

表现为"不是没有订单,而是做不了"。打通中小企业和金融、物流机构之间的障碍,让中小微企业也能够得到优良的金融和物流等专业化服务,必须通过一大批以电子商务为先导的全球整合型供应链服务平台来整合资源才可能最终实现。类似"一达通"这样的国际贸易服务供应链有利于降低企业进出口及管理成本,增加企业的议价空间,全面的付款方式(T/T,L/C,O/A)能增加企业的接单能力,最高资质的通关优势,帮助企业准时交货。同时海关、商检、国税等国际贸易监管部门也可以借助民间服务机构来服务中小企业和控制监管风险。

(二)帮助中小企业提升核心竞争力

据统计,非制造成本占到我国企业经营成本的45%,国际贸易出口中综合物流开支占比高达30%,是国外的一倍以上,严重影响了市场竞争力。中小企业在国际贸易洽谈过程中最重要的三个考虑要素分别是:产品价格、付款方式、交货期。目前中小企业生存状况恶劣,主要是因为缺乏议价能力,无法通过提高自身实力降低物流成本。

(三)推进区域经济布局的优化

我国外贸企业主要集中在沿海发达地区,"珠三角和长三角"占比达70%,土地及人工成本增长将必然使得生产企业向内地转移,而内地服务业落后是制约其国际贸易发展的重要因素,以"国际贸易综合服务企业"支持国际贸易发展,可大范围辐射内地市场,优化区域经济布局,缓解服务业落后的瓶颈制约。

(四)助推第三方服务业发展升级

国际贸易综合服务平台通过其搭建的公共平台(进出口服务管理系统),将其服务流程环节通过互联网接驳到各监管部门,涉及银行、海关、商检、国税等。通过 IT 化的模式,完成进出口服务的电子化操作。整合国际贸易、金融、物流等服务资源,用信息化工具吸引信用认证、法律支持、国际贸易咨询、供应链管理等更多的贸易配套服务资源,通过服务接包和转包,助推我国第三方专业化服务的发展壮大,并通过打造"平台化国际贸易服务中心",掌握物流、结算话语权,助推国际物流中心和金融中心建设。

（五）为宏观调控和政策制定提供参考

国际贸易综合服务平台不仅是商业性的平台,同时因掌握大量中小企业进出口真实数据和信息而兼具公共平台的属性和价值。可以通过统计、分析和研究大量的、频繁的、真实的动态数据,监控中小企业在国际贸易活动中的状况,掌握中小企业动态的国际贸易景气状况和资金压力情况,为政府宏观调控和政策制定提供参考。

模块七 跨境电子商务供应链

学习目标

知识目标:通过本课程的教学,使学生熟悉跨境电子商务供应链管理的基本思路和基本方法,初步具备进行跨境电商实务操作的各项专业基本技能。

能力目标:能对业务进行中的客户进行分类、跟踪并会处理相关事宜。

项目一 供应链概述

一、电子商务与现代供应链管理

供应链(Supply Chain)是围绕核心企业,通过对信息流、物流、资金流的控制,从采购原材料开始,制成中间产品以及最终产品,最后由销售网络把产品送到消费者手中的将供应商、制造商、分销商、零售商、最终用户连成一个整体的功能网链结构模式。

目前,供应链的价值已得到公认,大多数公司都把供应链作为商业发展的核心目标。供应链网络中的成员共享资源和利益,互相信任,从而在行业和市场中占据优势。为更好地利用资源,创造更多的利润,为股东带来更大的收益,并更好地满足用户的需求,供应链管理的重点已从改进产品和服务转移到了优化供应链。供应链管理的发展方向是外部结构的优化,供应链成员的合作以及传统网络结构的改变,供应链优化已成为企业发展的核心问题。

119

电子商务从无到有、由小到大的发展为供应链优化管理提供了良好的条件和基础。供应链与电子商务的结合使得供应链优化得以完成。电子商务供应链管理，就是供应链与电子商务的自然结合，是实现成员间连接和价值链集合体与目标终端用户的间连接的手段，是供应链优化的必然结果。电子商务中成为供应链优化的重要手段，供应链优化则是电子商务发展的重要内容。

未来在这个跨境电商迅猛发展走向品质化的年代，各跨境电商平台的竞争将是供应链上资源和服务的竞争。而供应链的实力也是跨境电商的实力比拼，供应链的核心便是货源和物流，各跨境电商需要在供应链上不断地完善优化形成自己的优势才能成为这个行业的佼佼者。

（一）供应链管理的定义

1. 供应链概念

供应链管理概念的创始人，美国经济学家史迪文斯（Stevens）认为："通过增值过程和分销渠道控制从供应商的供应商到用户的用户的流就是供应链，它始于供应链的原点，结束于消费的终点。"

2. 供应链管理概念

供应链管理指用系统的观点，通过供应链中的物流和资金进行设计、规划、空制与优化，即行使通常的管理职能，进行计划、组织、协调与控制，以寻求建立供、产、销企业以及客户间的战略伙伴关系，最大限度地减少内耗与浪费，实现供应链整体效率的最优化，并保证供应链中成员取得相应的绩效和利益，满足顾客需求的整个管理过程。

以往企业间为达成信息互通或电子交易的特性，以增加信息透明度以及降低交易成本，减少作业过程中重复输入的人力资源耗费与错误的发生，采用 EDI（电子数据交换）作为供应链的管理工具。然而完整供应链管理所涵盖的范围不仅涉及原料采购及与供应者间的关系，其实质影响的层面涵盖从原始物料到产品交付顾客乃至其后的售后服务等。

以往供应链专家多认为供应链管理乃针对在企业间用于运筹及运销的活动

整合。然而,现代的供应链管理层面涵盖更广,一般认为供应链管理是一种企业流程中与其他企业的共同合作的过程,其中包括采购、产品规划、制造、库存管理、组装、仓储与产品运输等流程。换言之,供应链管理为有效整合供货商、制造者、仓储等企业流程,因此企业得以制造并于适当的时间分销适当数量的产品至适当的地点,并得以减少产品的整体成本同时满足顾客的服务品质要求。

从企业的观点而言,供应链管理类似企业流程的一把大伞,涵盖范围从产品的制造到最终运输至顾客间的各项流程。而从企业的组织架构而言,供应链管理应视为商业合作关系的网络结构,不同公司间从产品的原料来源、制造、配销、运送等形成一个紧密的合作关系。其主要的特征包括:

(1)物流(Material Flow)

包括实质产品从供货商至顾客的供应链管理,乃至反向的产品退件以及产品服务与弃置等。

(2)信息流(Information Flow)

包含需求测试、订单传递、产品运送状态的查询与告知等。

(3)资金流(Financial Flow)

包含信用卡资料、信用控管、付款方式与计划以及委托销售等相关措施等。

因此,供应链管理可以定义为产品的原料实体、产品信息以及金融财务等相关信息在整体供应链成员间的互通情形。供应链管理将原本独立、非常态性合作以及片段的产品作业流程,整合为一整体性紧密合作的系统以提供顾客最佳的产品价值。根据研究机构国际数据公司(IDC)的定义,所谓的供应链管理,乃是指企业将供货商与交易伙伴整合至本身的组织中,借以最优化资源的分配,以及合理简化由产品设计或概念发送至实际销售或递送过程中的信息、商品、服务的一段连续性过程。

(二)电子商务与供应链管理

1.完备的供应链管理必须具备的条件

第一,供应链管理必须设法降低供应链成员间相互反应的时间。

第二,必须提高供应链间合作伙伴相互的信任关系。

第三,企业在供应链上不同的生产、配销等活动应设法予以整合,企业应持续不断地寻找合适的方法以整合企业间供应链的各项活动与流程。

第四,不同企业间虽然可以透过供应链管理及相关软件来增加竞争力,但是应经常保持联系,毕竟商业合作关系的维系非软件应用或流程整合所能取代。

2. 电子商务与供应链管理

第一,供应链管理在于增加合作伙伴间的透明度,所有供应链成员都可以取得合作伙伴间的各项生产资料,因此企业与企业间可以得到实时的市场信息,以调整自身的经营计划。电子商务为供应链管理的这些目标提供更有效的保障。

第二,供应链管理依赖企业本身的电子商务化能力,因此企业在进行供应链管理前,须先了解自身的电子商务化程度。自20世纪90年代起,多数企业皆已安装 ERP(企业资源规划软件),其系统的功能可处理的议题,几乎涵盖所有的业务范围包括业务规划、行销、销售、物料规划、生产流程、现场作业管理与物流等所有企业营运的需要。由于上述企业已具备电子化的能力,得以了解企业本身生产管理的各项优势与弱点,了解成本支出与产品特性,因此上述企业在处理供应链管理上较具优势。

第三,供应链管理并非将公司原有的作业流程电子商务化,而是企业利用现有的计算机软件重新思索处理自身经营产销的各方面需要,以提高市场竞争力。由于供应链管理涉及企业供应链上所有成员,因此所有的成员无论公司内外以及合作伙伴最好皆能将其纳入,方能得到实效。

二、跨境电商供应链的特征和要求

快速发展的跨境电商给企业带来了巨大的压力,不仅仅是销售产品,还要为客户和消费者提供满意的服务,从而提高客户的满意度,让其产生幸福感。现代营销学之父菲利普·科特勒(Philip Kotler)表示:"顾客就是上帝,没有他们,企业就不能生存。一切计划都必须围绕挽留顾客、满足顾客进行。"要在跨境电商业务中赢得客户,获得发展,必然要求企业能快速、敏捷、灵活和协作地响应客户的需求。面对发展迅猛的跨境电商环境,整合供应链成为现代跨境电商企业的发展趋势。

（一）跨境电商供应链的特征

跨境电商供应链是跨境电商利用供应链开展跨境电子交易、跨境物流、跨境供应等活动,进而把供应商、海关、物流商和最终消费者等连接成一个整体的功能网链。

当前跨境电商发展的重点是狭义的跨境电商概念,即零售模式(B2C)的跨境电商。零售模式的跨境电商发展体现出当今世界经济全球化、信息化、扁平化的大趋势。

1. 供应环境比较复杂

从整体上看,虽然电子商务的发展速度较快,但是其质量并不高,尤其是在国际贸易的发展方面,存在着时间差、运输环境复杂、物流信息更换较慢的问题。这些问题不仅在我国的电子商务发展中得到了体现,在国际的贸易和发展中也有所体现。这主要是因为不同国家的政治、经济、文化方面存在着较大的差异,所以在交流方面也有很大的阻碍,对于电子商务的发展造成了一定程度的影响。

2. 信息技术不够均衡

由于不同的国家在科技、文化水平等发展方面具有较大的差异,所以在信息的交流与技术的应用方面存在着不同程度的差异。另外,受到政治体制、经济发展策略的影响,直接影响了电子信息技术的发展和商务信息的交流。并且电子信息技术作为物流行业的发展的前提和基础,在电子商务的发展过程中发挥着重要的作用。

3. 管理制度标准不够统一

在电子商务快速发展的时代背景下,在供应链方面出现的问题若想有效的得到解决,就必须要考虑到各种因素对管理制度的影响。其中对于供应链影响最大的就是地域时间差。不同的国家在管理制度标准方面存在着较大的差异,此时必须要确立统一的管理标准才能够有效地推动电子商务的稳步发展。

(二)跨境电商供应链的要求

跨境电商是电子商务发展的新阶段,因此跨境电商对于供应链的管理提出了新的要求。第一,跨境电商是属于国际贸易的范畴,因此跨境电商环境下的供应链管理属于国际供应链管理的范畴,跨境电商供应链管理者面对着不同国家或地区的文化、政策和习惯,这也增加了供应链管理的难度;第二,跨境电商是互联网经济发展的代表和体现,因此跨境电商供应链与当前的互联网经济保持着密切的关系,当前互联网经济领域的大数据、网络平台等都与跨境电商供应链管理存在者密不可分的关系;第三,跨境电商最终还是属于商务的范畴,所以交易的商品或者服务还是跨境电商的关键,要给客户提供优质的商品和服务,供应链管理是关键,因此跨境电商最后竞争的关键,还是属于供应链管理的竞争。

具体来看,当前跨境电商领域,对供应链管理带来的新变化和要求包括以下内容。

第一,跨境电商属于国际贸易的范畴,因此要求跨境电商从业者需要深度融合供应链管理首尾两端,也就是要求深度的了解两个以上国家的市场和文化,并且能够利用这些不同市场和文化的长处和优点,打造出一个特色鲜明、与众不同的供应链,这样才能满足供应链首末两端的需求,才能在激烈的跨境电商市场竞争中取得胜利。

第二,跨境电商属于互联网经济的范畴。在互联网消费领域,消费者的需求变化更快。这就对供应链管理提出了更高的要求,要求经营者运用大数据来分析互联网上瞬息万变的消费者需求,同时利用互联网最大化地降低库存,提升经营效率和效益。

第三,跨境电商使得企业与消费者之间关系呈现扁平化,加剧了企业之间的竞争,因此对产品和服务的质量和品质提出了更高的要求。跨境电商使得消费者与经营者之间的距离消失,即在全球的任何两个地方之间,只要存在互联网就有可能发生交易,这就使得消费者拥有更多的选择权。因此,提升产品的品质,提高售前售后服务,注重培育口碑和品牌,就成了跨境电商经营者在激烈的竞争中制胜的关键。

三、当前跨境电商供应链的薄弱环节

当前情况来看,跨境电商出口业务和跨境电商进口业务之间存在较大的差异。

当前跨境电商出口供应链管理的薄弱环节在于三个方面。

供应链上的不确定性存在于其各个环节,企业对客户需求的预测偏差、购买力的不稳定性以及消费者在具体消费行为中的从众及个性化反应都是导致需求不确定性的主要因素。企业按照既定的模式及条件,对需求进行假设,预先设定其运行规律及特征。但是在预测过程中由于预测条件,设备等的瑕疵会使预测结果不能准确反映消费者的实际需求及其产生的周边附带影响。而在全部供应链中,各参与方之间所进行的预测中的少数误差,经过牛鞭效应,又会使供应链产生的信息不对称问题更加严重。

消费者的满意还取决于商家的服务,这其中物流服务十分重要。如何让商家下单后迅速及时的获得货物,由此提高买家的消费体验,这也是跨境电商出口卖家极力希望能够解决的问题。跨境电商行业的另一个特点就是采购频率高。而传统的物流效率普遍都比较低,并且安全隐患时有发生,包裹丢失或发生损坏的现象非常普遍。这种情况下,会直接影响到消费者的购物体验。

造成消费者侵权行为多发的原因有很多,既有商家的过度宣传包装等主观层面的因素,也有供货渠道源头可控性低等客观因素的影响。加上国际市场与国内市场对商品的质量要求标准不同,可能在国外属可售卖产品,但在国内销售是违法的。因此,很难让消费者的权益得到保护,侵权行为经常发生。另外平台本身也没有建立准入机制,过分追求商品种类的丰富性,而欠缺对卖家的资格审查,导致产品质量得不到保证,进而影响消费者的权益;再者,目前我国对消费者维权的法律机制还不完善,还未出台跨境支付的监管细则,跨境电子商务企业违法成本较低,侵权行为才会屡禁不止。

四、未来跨境电商供应链的发展趋势

未来跨境电商供应链的发展将表现为超越跨境电商企业之间的界限,通过合

作追求商品品质的保障,追求物流的高效率,追求服务的最优化。具体表现在以下三个方面。

跨境电商伙伴间商业信息的共享。跨境电商供应链主要包括了商品生产企业,跨境电商经营企业,跨境电商平台,跨境电商物流供应商,跨境电商消费者等这几个主要参与者。今后为了形成高效的跨境电商供应链,这几个参与者之间将会加强商业信息的共享和沟通。例如,跨境电商平台将会为跨境电商经营者提供更有效的数据分析,为跨境电商经营者选品、备货提供有力支持。跨境电商经营者甚至会直接控制生产,由此提高与生产者直接信息共享度,物流供应商也会与平台和经营者之间加强信息共享,由此提高物流的配送效率。

跨境电商业务参与者进一步涉足零售业,大大转变了传统国际贸易供应链管理模式。跨境电商无论是出口还是进口,相对于传统的国际贸易,加强了经营各方与零售业的联系。传统国际贸易的供应链相对较长,一般会有一个批发商来最终控制零售市场,这就是传统贸易所谓的"渠道"。而对于跨境电商,经营者通常会越过进口商或者批发商,直接面向消费者开展销售,这大大加强了跨境电商业务参与者与消费者之间的联系,需要跨境电商经营者从消费观念、经营理念等多个角度上发生深刻转变。

企业的部分生产、企业间订货发货业务、零售业务的物流等可能会全部通过ERP(企业资源计划)等软件来进行,实现全部供应链流程管理的信息化、无纸化。跨境电商的零售化将会使得商品订单趋向于碎片化,这样加大了人工供应链管理的难度。与此同时,物流的发货地址会由于不同的消费者采购而产生海量的信息,单纯依靠人工管理将会严重滞后于市场的需求。因此,跨境电商供应链管理发展的第三个趋势就是流程管理的信息化程度将会越来越深入。部分订单的生产可能会转向智能化的定制生产,而物流的管理也将会通过智能的ERP(企业资源计划)软件实现。

项目二　供应链管理

如前所述,跨境电商供应链包括了从供应商到用户的整个链条,其环节多,内容丰富。此处只选择最核心的三个环节来分析跨境电商供应链的管理,包括跨境电商的供应商管理、跨境电商的通关管理、跨境电商的库存管理。

一、跨境电商供应商管理模式

跨境电商与传统国际贸易的供应商管理存在较大不同。在跨境电商环境下,国际贸易采购的模式正在悄然发生变化,即订单呈现"小批量、高频率"的特征。也就是一般不会出现传统国际贸易中经常看到的大数量单一的订单。电子商务的发展在加速推动这一趋势,不论是个人消费者还是采购商,都希望有更丰富的商品选择。由于跨境电商给了消费者更多的选择,因此跨境电商的产品也出现了个性化定制的特征。这种趋势给跨境电商从业者的供应商管理带来了新的变化,提出了新的挑战。

在跨境电商经营者和供应商关系中,存在两种典型的关系模式:合作性关系(或者叫双赢关系,Win – Win)和竞争关系。两种关系模式的供应链特征有所不同。合作式关系模式又分为一体式和代理式两种。

(一)合作式关系模式

1. 一体式跨境电商供应商管理模式

一体式跨境电商供应商管理模式即跨境电商经营者与供应商结为一体,共担风险,共享收益。跨境电商网络销售,口碑对于产品品牌的建立十分重要,因此跨境电商经营者往往更注重商品的品质和特性。如何保证供应商能够准确地理解跨境电商经营者的意图,按照跨境电商经营者的要求准确及时的生产提供售卖的商品,这是当前跨境电商经营者在供应链方面面临的一个关键难题。为了解决这个问题,不少跨境电商经营者直接跟供应商结成联盟,甚至相互持股,这样保证了即跨境电商经营者对产品品质的控制,还保证了跨境电商商品发货时间的控制。部分跨境电商经营企业,直接就是产品的生产者,这样更是大大简化了经营者和生产者之间的沟通,提高了跨境电商企业的竞争力。

2.代理式跨境电商供应商管理模式

代理式跨境电商供应商管理模式就是跨境电商经营企业是某个品牌的跨境电商渠道销售代理。这种情况,一是对品牌产品的销售比较常见;二是在进口和出口跨境电商企业中均比较常见。在代理制的供应商管理模式中,中小品牌的代理权相对比较容易获得,而大品牌产品往往有自己比较成熟的代理体系,获取代理权比较难。例如,在目前进口跨境电商业务中,日本的花王纸尿裤是比较受到国内跨境电商消费者欢迎的产品,但是受到传统代理体系限制,目前国内绝大多数的跨境电商经营者无法获得该商品的代理权,也就是说目前绝大多数的跨境电商经营者无法通过正常渠道采购该商品,由此产生了部分经营者不得不到日本超市扫货的事情。

(二)竞争式跨境电商供应商管理模式

竞争式跨境电商供应商管理模式是价格驱动模式。这种关系的采购策略表现为:

第一,买方同时向若干供应商购货,通过供应商之间的竞争获得价格好处,同时也保证供应的连续性;

第二,买方通过在供应商之间分配采购数量对供应商加以控制;

第三,买方与供应商保持的是一种短期合同关系。这种模式对部分自有品牌的跨境电商经营者比较常用。这些跨境电商经营者通过竞争式的供应商管理尽可能地降低商品的生产和供应成本,同时通过对供应商的竞争性管理来控制商品品质,由此提高商品在跨境电商网络销售的竞争力。

二、跨境电商通关管理

通关管理是跨境电商供应链流程的重要环节。本部分我们来分析一下目前的跨境电商供应链通关管理。跨境电商广义概念包括批发模式(企业对企业,即B2B)和零售模式(企业对消费者,即 B2C)两种贸易模式,狭义概念则重点指零售模式。B2B 模式下,企业运用电子商务以广告和信息发布为主,成交和通关流程基本在线下完成,本质上仍属传统贸易,已纳入海关一般贸易统计。B2C 模式下,跨境电商企业直接面对国外消费者,以销售个人消费品为主,物流方面主要采用航空小包、邮寄、快递等方式,其报关主体是邮政或快递公司,目前大多未纳入海关登记。

从海关监管角度来看,目前跨境电商供应链管理存在的主要问题体现在以下三个方面。

(一)通关效率较低

跨境电商在交易过程中涉及海关通关监管与征税问题,大量的货物通过快件渠道和邮递渠道进出境,对海关的监管方式与征税提出了更高要求。而跨境货物的退换目前仍不能很好地解决,这使快速并规范的通关成为难题,通关效率较低。

(二)结汇问题

在我国跨境电商发展的很长一段时间,该项业务并没有纳入海关统计,没有结算外汇的自制,不能以公司名义收款,电商企业大多开设多个个人账号,享受每年 5 万元出入账的额度,许多电商企业收到的外币货款难以直接汇进国内,则通过设在中国香港的分公司账户分批转入,延长了资金周转周期。

(三)退税问题

出口退税制度是一国税收制度的重要组成部分,主要通过退还出口货物的国内已纳税款,使本国产品以不含税成本进入国际市场,提高竞争力,扩大出口创汇规模。目前,跨境电商主要以快件为主,卖家无法提供报关单据,大部分卖家无法享受退税政策。

近年来,我国对跨境电商工作高度重视,多次责成海关总署牵头加快开展跨境电商试点,促进跨境电商规范发展。具体包括了以下措施。

1. 开展跨境电商城市试点,建设跨境电商通关平台

从 2012 年 2 月开始,海关总署选择在上海、重庆、杭州、宁波、郑州等地开展试点,目前已有 30 多个城市获批。试点的内容主要针对以快件或邮件方式通关的跨境电商存在难以快速通关、规范结汇及退税等问题,由海关总署组织有关示范城市建设跨境电商通关服务平台,实施"清单核放、汇总申报"的海关申报方式,研究跨境电商相关基础信息标准规范、管理制度,提高通关管理和服务水平。

2. 纳入海关统计并予以退税

根据商务部等部门《关于实施支持跨境电子商务零售出口有关政策意见的通知》,自 2013 年 10 月 1 日起,经营主体可在网上提交相关电子文件,并在货物实际出境后,按照外汇和税务部门要求,向海关申请签发报关单证明联。将电子商务出口纳入海关统计,对符合条件的电子商务出口货物实行增值税和消费税免税或退税政策。实施"清单核放、汇总申报"制度之后,跨境电商进出口清单可以作为报关单申请出口退税。

3. 明确进口税收制度

海关总署对上海、杭州、宁波、郑州、广州、重庆六个试点城市下发了《海关总署关于跨境电商服务试点网购保税进口模式有关问题的通知》,进一步对"保税进口"模式进行了规范。按照通知,"试点网购商品每次限值为 1000 元人民币,超出规定限值的,应按照货物规定办理通关手续。应征进口税税额在人民币 50 元(含 50 元)以下的,海关予以免征。""单次购买仅有一件商品且不可分割的,虽超出规定限值,经海关审核确属个人自用的,可以参照个人物品规定办理通关手续。"关于完税价格,则规定"以电子订单的实际销售价格作为完税价格"。即包括国外采购价格和跨境物流费用两部分。这就表示,未来试点企业在进行跨境电商进口缴税时,物流费用需要计入纳税核算基数价格。

今后国内海关将持续推进区域通关合作,最终实现全国通关一体化,实现不同关区之间一体化作业、无障碍通关,而且最终会在全国范围推广关检合作"一次申报、一次查验、一次放行"的通关模式。

海关与出入境检验检疫部门合作试行的"三个一"通关模式中,关检双方共同制定申报界面和标准、开发企业端申报软件,并对原有的报关报检数据项进行整合。企业在报关报检时,只需通过"三个一"申报界面一次输入,即可同时完成报关和报检的录入工作,并由企业自行选择报关、报检。对于海关和检验检疫同时需要开箱查验、检验检疫的货物,则可减少重复吊箱、重复开箱等,大幅提高通关效率。这些将会对跨境电商供应链的通关管理带来利好消息。总之,跨境电商业务通关将会继续朝向便利化方向推进。

三、跨境电商库存管理

跨境电商的库存管理,是对跨境电商交易商品品种和存量的控制,考虑其合理性、经济性和最优性,而不是保管和仓储技术。库存管理是解决跨境电商经营者何时补充订货,订多少,安全库存量的确定以及库存业绩指标等的方法。此处的库存不仅指仓库里的货品,在制品、外委货品、半成品等,都是库存管理的范围。

跨境电商库存管理基于两点考虑:一是用户服务水平,即在正确的地点,正确的时间,有足够数量的合适商品;二是订货成本与库存持有成本。跨境电商库存管理的总目标是:在库存成本的合理范围内达到满意的顾客服务水平。为达该目标,应尽量使库存平衡,库存管理人员须做出两项基本决策:订货时机与订货批量。

(一)库存管理指标体系

衡量库存管理水平的指标有很多,计算方法有也很多,常用的指标体系包括:

1.库存资金周转率

库存资金周转率是衡量库存管理水平最常用的指标,是单位库存资金用于供应的效率。

库存资金周转率(次数)=全部供应金额/平均库存金额

请注意:这与我们目前所使用的周转率的计算公式是有区别的,从成本关注的角度上讲,在条件允许的情况下,还是推荐使用库存资金周转率,尤其是在计算多种货品的综合指标时。

但不论使用什么计算公式,在做库存分析时,我们还是应该从价值比较大的货品入手,按价值由高到低的思路来解决库存周转问题。这个指标计算值是次数,因此越高越好;当然如果被天数除,则是周转天数,那么就越少越好了。

2.服务水平

服务水平是衡量库存量是否合理的一项指标,无论库存控制采取什么方法,供应量都应当保证需求量,否则会发生缺货损失。一般用供应量占需求量的百分比大小来衡量。

服务水平 = 供应量/需求量×100%

需求量 = 供应量 + 缺货量

3.缺货率

缺货率是从另一个不同的角度衡量服务水平的指标,在实际计算中会有困难,我们可以根据实际情况和比较关注的问题,构建我们的指标体系。

4.平均供应费用

平均供应费用表现为供应每单位库存物资所消耗的活劳动和物化劳动的水平。

平均供应费用 = 库存系统年总费用/年全部供应额

此公式的计算,要求在财务上必须有非常明确的细分,而财务上要想明确又必须有完善的管理基础,只要了解,单位费用越低越经济的道理即可。这样,就可以选取在库存总费用中比较重要或我们比较关心的几项或某项费用来计算。

另外,在企业管理中,还有衡量库存总规模的指标,如"存货总值—资金占用量"、存货总值与年销售额的比率、供应日数等。

介绍上述指标,是希望跨境电商企业的生产和采购人员,能够掌握库存管理的考虑方向,实际上如服务水平、缺货率等指标在计算上是有难度的。

　　跨境电商供应链库存指标体系的建立,不同公司应根据自己的实际情况,注重本公司急需解决的问题,同时注意指标间的制约和连续性。例如,经过努力我们的库存周转率有所提高,但服务水平降低或缺货率上升,显然并没有达到优化库存的目的。一般来讲,库存管理的相对指标和绝对指标要结合使用,因为大多数的相对指标,在反映绩效上是有用的,但往往容易因各种因素失真,比如,周转率总体趋势达到要求,但个体间不平衡,总量上的变化也容易被忽视等。

（二)库存供应链管理的常见方法及跨境电商库存供应链管理选择

　　在供应链管理业务中,常见的库存管理方法(从订货方法上分)有定量、双堆、定期、非强制补充供货、MRP(物料需求计划)及 JIT(准时制生产方式)等订货法。前四种通常用于最终物品,适用于贸易型跨境电商企业;而 MRP 和 JIT 法适用于材料和零件,适用于生产型跨境电商企业。

　　定量和双堆法,统称为固定订货量法(以数量为基础的方法)。定期和非强制补充供货法统称为固定订货间隔期法(以时间为基础的方法)。物料需求计划及准时生产订货法称为派生的订货量法(以产量为基础的方法)。以数量为基础的库存管理法要不断地检查每项需求量,以确定是否应发出订单(所以又称为"连续"法)。以时间为基础的方法则要按规定的检查日期对存货进行盘点(所以命名为"定期"法)。以产量为基础的系统仅按预计的制造日程订购存货。

　　前四种比较适用当前跨境电商经营企业使用。MRP(物料需求计划)和 JIT(准时生产订货法)库存管理法,内容比较丰富,是大多数制造企业采用的方法。

　　物料需求计划(Material Requirement Planning, MRP)是指根据产品结构各层次物品的从属和数量关系,以每个物品为计划对象,以完工时期为时间基准倒排计划,按提前期长短区别各个物品下达计划时间的先后顺序,是一种工业制造企业内物资计划管理模式。MRP(物料需求计划)是根据市场需求预测和顾客订单制订产品的生产计划,然后基于产品生成进度计划,组成产品的材料结构表和库存状况,通过计算机计算所需物料的需求量和需求时间,从而确定材料的加工进度和订货日程的一种实用技术。MRP(物料需要计划)是当前应用最为普遍的ERP(企业资源计划)管理的基础,我们在下一节会做阐述。

准时制生产方式(Just In Time,简称 JIT),又称作无库存生产方式(stockless production)、零库存(zero inventories)、一个流(one - piece flow)或者超级市场生产方式(supermarket production)。JIT(准时制生产方式)生产方式的基本思想是"只在需要的时候,按需要的量,生产所需的产品",也就是追求一种无库存,或库存达到最小的生产系统。JIT(准时制生产方式)的基本思想是生产的计划和控制及库存的管理。所以,JIT(准时制生产方式)生产模式又被称为"精益生产"。JIT(准时制生产方式)库存管理法是目前最先进的库存管理方法,起源于日本丰田公司的"看板"管理,在这种管理方式下,存货水平逐步降至最低、浪费最小,空间占用小、事务量最小,最终目标是达到一个使材料平滑、迅速地流经整个系统的和谐系统。

JIT(准时制生产方式)代表的是一种理念,从产品设计到售后服务,无所不包。使用 JIT(准时制生产方式)管理方法,需要有很多前提,要和供应商建立有效的拉动系统,而拉动系统的建立需要供应商具备较高的能力和信用,需要我们能够提供准确的信息等。虽然跨境电商企业能够提供准确的信息,但是由于目前跨境电商企业规模相对较小,与较高能力和信用的供应商建立联系的能力相对较弱,因此目前这种管理方法只适用于一些大型的跨境电商企业,尤其是在进口跨境电商企业比较适用。但是这是今后跨境电商企业供应链管理的主要发展方向。

需要指出的是,不同类型的企业选择什么样的库存管理方法,简单地说,就是要采用边际分析的方法,权衡各方面因素,选择最经济的方法,另外不同的物资,不可能采用相同的办法。跨境电商出口的订单,呈现"小批量、多批次"的特征,与供应商建立拉动系统不太可能,而单独采购肯定不经济,最好是在准确的预测下,定期成批的采购,这样在价格上能享受折扣,采购成本低,也不会造成大的库存资金占用。而对于跨境电商进口而言,目前国内已经出现了不少大规模的企业,这些企业可以采用 MRP(物料需求计划)和 JIT(准时制生产方式)方式来有效管控自己的供应链。

项目三　供应链系统

一、ERP 跨境电商供应链管理系统概述

互联网技术的成熟为企业信息管理系统增加与客户或供应商实现信息共享和直接的数据交换的能力,从而强化了企业间的联系,形成共同发展的生存链。ERP(企业资源计划)系统相应实现这方面的功能,使决策者及业务部门实现跨企业的联合作战。跨境电商企业本身是互联网的产物,所以跨境电商企业在应用ERP(企业资源计划)系统方面一直走在其他企业前面。

概念:ERP(Enterprise Resource Planning,企业资源计划)是由美国计算机技术咨询和评估集团(Gartner Group Inc)提出的一种供应链的管理思想。企业资源计划是指建立在信息技术基础上,以系统化的管理思想,为企业决策层及员工提供决策运行手段的管理平台。ERP 系统支持离散型、流程型等混合制造环境,应用范围从制造业扩展到了零售业、服务业、银行业、电信业、政府机关和学校等事业部门,通过融合数据库技术、图形用户界面、第四代查询语言、客户服务器结构、计算机辅助开发工具、可移植的开放系统等对企业资源进行了有效的集成。

ERP(企业资源计划)系统在 MRP(物料需求计划)的基础上扩展了管理范围,它把客户需求和企业内部的制造活动以及供应商的制造资源整合在一起,形成企业一个完整的供应链并对供应链上所有环节如订单、采购、库存、计划、生产制造、质量控制、运输、分销、服务与维护、财务管理、人事管理、实验室管理、项目管理、配方管理等进行有效管理。

为了紧跟跨境电商市场的变化,"多品种、小批量、多批次"的生产以及看板式生产等成为企业主要采用的生产方式,由单一的生产方式向混合型生产发展,ERP 则能很好地支持和管理混合型制造环境,满足了企业的这种多元化经营需求。

ERP(企业资源计划)除了MRP(物料需求计划)系统的制造、分销、财务管理功能外,还增加了支持整个供应链上物料流通体系中供、产、需各个环节之间的运输管理和仓库管理;支持生产保障体系的质量管理、实验室管理、设备维修和备品备件管理;支持对工作流(业务处理流程)的管理。

ERP(企业资源计划)系统支持在线分析处理OLAP(Online Analytical Processing),售后服务即质量反馈,强调企业的事前控制能力,它可以将设计、制造、销售、运输等通过集成来并行地进行各种相关的作业,为企业提供了对质量、适应变化、客户满意、绩效等关键问题的实时分析能力。ERP(企业资源计划)系统甚至将财务计划和价值控制功能集成到了整个供应链上。

ERP(企业资源计划)系统应用完整的组织架构,从而可以支持跨境电商的多国家地区、多工厂、多语种、多币制应用需求。

在跨境电商环境下,ERP(企业资源计划)系统可以实现对整个供应链信息进行集成管理。ERP(企业资源计划)系统采用客户/服务器(C/S)体系结构和分布式数据处理技术,支持Internet/Intranet/ Extranet,电子商务(E-business,E-commerce)电子数据交换(EDI)。此外,还能实现在不同平台上的互操作。后面我们将介绍一下跨境电商领域常用的供应链管理方案系统。

二、跨境电商供应链管理解决方案

目前跨境电商领域,大企业均为自行开发供应链管理系统,如在进口领域的一些大型跨境电商企业;而在出口领域,由于存在诸多的中小跨境电商卖家,市场上已经出现了诸多针对中小跨境电商企业的供应链管理系统。这些管理系统一方面体现了中小跨境电商企业管理领域的难点和关键点,另一方面也体现了跨境电商供应链管理领域的最新发展。

目前市场上针对中小出口企业的跨境电商供应链管理系统较多,各系统的功能侧重点不同,服务也良莠不齐。对于中小跨境电商出口企业而言,通常要依赖专业的供应链管理系统,才能实现对跨境电商供应链的便捷管理。跨境电商供应链管理系统的选择方面,要考虑以下几方面的因素:

第一,电子商务企业可以采取合理的奖励制度留住现有人才,对于那些积极肯干,奋斗在一线的人员,提供员工补偿,他们远离祖国去国外做好销售工作,当员工为企业奉献了自己的所有时间,需要得到企业的认可和奖励,这样也可以调动员工走出去的积极性,走出去就是企业最好的广告。与此同时,企业可以在各个大学招收销售人才和电子商务专业的人才,可以通过校企实习,在实习期挑选优质的人才毕业后留在企业继续工作,给予相应的薪资待遇,从根本上解决留不住人才的现象。

第二,生产的最终目的是为了销售,而销售的主要来源则来自人民的需求,因此,企业要从人民的需求出发,生产人民真正需要的产品,更好地促进产业的融合和发展。根据数字化的信息,在顾客下单之后,根据顾客的需求进行生产,这样的生产模式不仅能够缓解企业的库存压力,并且能够及时对接市场需求。该模式下,生产者经营的不确定性风险、资金回收风险、各种成本大大降低。同时,随着制造企业生产压力减小,消费者不再承担企业成本,这进一步增加了消费者剩余,从而促进了其消费。

第三,跨境电子商务涉及全球范围内的商品流动,所以供应链组织结构复杂,受全球化发展的影响,国际社会发生的任何事关经济发展的大事件,都会对全球供应链的稳定造成极大影响,甚至造成供应链的断裂。因此,为保证行业发展的稳定性,要建立完善的供应商评价机制,加强对供应商的管理。那么如何建立好这种评价机制,客观、全面地分析评价供应商,可以总结出一些常用的评价指标,然后对每一个供应商对照相应指标的权重进行打分评比,以此筛选、确定优质的供应商。

第四,对于跨境电商的周边服务接入是否完善。比如对发货包裹的自动追踪查询。

当前跨境电商供应链管理系统中,最有代表性的主要有通途、马帮、速脉、懒人等,此处我们以通途为代表做一简单介绍。

通途跨境电商协同管理平台是深圳市爱商在线科技有限公司开发的基于云计算为中小企业提供电子商务在线渠道统一管理平台。该系统对接三大主流跨境电商平台:eBay,Amazon,Aliexpress,并通过灵活的自定义功能支持自有商城及其他跨境电商平台。系统囊括订单处理、采购、仓储及库存管理、售后处理、统计分析各个业务环节,并力求通过对跨境电商业务的高度理解和精密的系统设计,大大为跨境电商卖家降低成本,提高效率。

通途管理系统的具体功能包括:

一站式订单管理功能:统一管理多渠道账户,一站式处理订单,内置订单异常自动筛选和订单遗漏防范机制,内置规则引擎实现高效自动派发订单,高达95%以上的订单都可以自动处理。

自动、高效发货功能:发货流程全程跟踪处理,可以实现自动分配库存、自动合并订单、自动添加物流商订单、自动同步 eBay 发货状态等自动发货操作。支持常见的物流仓储设备,支持 SKU(库存量单位)条码扫描、地址标签自动打印等应用,实现拣货、包装的高效处理。深度对接物流,提供物流商下单、打印、包裹处理、发货、跟踪号补录等一系列功能,实现高效发货。

系统化仓储物流管理功能:自营仓和托管仓独立建模,完整的出入库、调拨、库存品和故障品管理功能,支持期初建账和入库环节平均成本核算,对接托管商和货代且支持自定义设置,帮助用户打造系统化的仓储物流管理体系。

客服服务快速响应功能:多账号邮件统一抓取,自定义规则自动分派回复的客服人员,一套系统搞定多人协作管理多账号邮件。邮件历史、订单、回复模板一目了然,界面亲切,最大限度地提高邮件处理效率。自动或人工处理 eBay 站内信,在线管理纠纷、评价和退款退货补发货等操作,支持 Best Offer 交易管理,提供电子邮件自动客服功能,提供 Invoice 手动或自动生成与发送功能。

数据报表功能:详细的统计报表功能,可按设定条件在线生成业绩、销售、库存和销退报表,实时统计阶段利润、商品利润和订单利润并导出为 excel 格式文件,帮助用户通过数据分析及时掌控经营情况、洞察市场,赢得先机。

智能化采购管理功能:系统化分析销量数据,提供精准智能的备货建议。自定义采购审批流程,收货、质检、入库流程清晰,全方位把控采购路程,减少资金周转压力。

模块八　跨境电子商务法规

学习目标

知识目标:通过本课程的教学,使学生熟悉跨境电子商务法律与规则体系,了解跨境电商平台运营相关的法律法规知识,规避知识产权风险,提高风险防范意识。

能力目标:能有步骤的处理客户投诉和索赔。

项目一　法规概述

跨境电子商务是一种形式特殊的交易活动,交易双方的利益需要受到法律的保护,交易中产生的争议也需要通过法律解决。跨境电子商务法律与规则体系是由规范跨境电子商务活动的各国法律以及国际组织的规则体系共同构成的,具有其特殊性:一是不同于传统的商事法律;二是不同于国内电子商务法律;三是增加了国际组织和区域经济组织的规则体系。

跨境电子商务交易涉及不同国家,牵涉到了不同国家的电子商务法律与规则体系,涉及各国电子商务法律的统筹协调问题以及管辖权问题,因而比国内电子商务法律法规体系更为复杂。跨境电子商务法律与规则体系包括但不限于以下主要方面:跨境电商征税、网上争议解决、消费者权益保护、跨境网络安全、跨境数据保护与隐私规则、跨境电子商务法律管辖、双边自贸协定中关于跨境电商的规定、与跨境电商相关的国际组织对跨境电商的规定以及跨境电商法律法规的国际协调问题。

2013 年,我国商务部发布了《关于实施支持跨境电子商务零售出口有关政策意见的通知》,通知中对跨境电子商务模式下的政策措施进行了制定,包括海关监管、跨境结算、信用体系建设等内容。

2016 年,我国财政部等部门联合颁布了《关于跨境电子商务零售进出口税收政策的通知》,对零售方面的相关内容进行了规定。

2018 年 11 月,我国国务院确定将在 2019 年元旦起开始调整跨境电商零售进口政策,对享受税收优惠的相关商品限额进行上调,并扩大产品范围。

了解跨境电子商务法律法规对于跨境电子商务企业尤为重要:首先,避免由于不遵守东道国法律政策而受到制裁。例如,欧盟一些国家以不遵守东道国数据隐私保护法律为由对 Google(谷歌)处于几十亿欧元的处罚,并责令其在门户网站进行公开道歉。跨境电商企业应该提前掌握各国相关法律政策,才能避免在国外的法律壁垒面前遭受重创。其次,遇到争端能够找到正确的解决通道。了解跨境电商法律的管辖权以及国际协调机制,跨境电商企业可以在进行跨国经营时合理规避法律风险,在应诉时援引正确的法律条款。最后,了解并加入相关国际规则体系,主动掌握规则,有利于跨境电商企业在国际竞争中取得本行业的优势。

2018 年 8 月 31 日,第十三届全国人大常委会第五次会议表决通过了《中华人民共和国电子商务法》,并于 2019 年 1 月 1 日正式实施。从此,我国的电子商务领域有了专门的法律规范和法律依据,电商行业不再是法外之境,网络监管也将成为市场监管的依据和准绳。

项目二 跨境电子商务征税

一、跨境电子商务征税的难点

(一)跨境电子商务征税的主要问题

跨境电子商务的交易特点给征税造成困难。根据跨境电子商务的交易特点,潜在的交易速度和复杂性给征税带来困难。由于纳税人交易信息电子数据化,账簿和记账凭证是以网上数字信息形式存在的,缺乏凭证,难以操作。主要表现在:

第一,纳税主体难以确定。由于跨境电子商务不同于传统的经营模式,没有常设机构或非独立代理人,通过在连接国际互联网的服务器上维持一个相对固定的网址即可完成整体商业过程,因而很难确定纳税主体。

第二,税制模式的不同造成税收负担的差异。目前,我国进口货物主要有三种不同的征税模式,分别为新设的跨境电商零售进口综合税、行邮税和一般货物税。我国目前把入境商品按是否贸易主要分为贸易型和非贸易型两种,贸易型的物品入境需要缴纳关税、进口增值税以及消费税,而非贸易性商品入境时候则走行邮监管通道缴纳行邮税。在通知范围内,跨境电商进口商品的总体综合税负水平低于通知范围之外跨境电商进口的商品和货物的税收,以及同类一般贸易进口商品。这种进口商品不同的税制模式不仅会造成税收负担的差异,违背了税收的公平原则,还存在利用税制的不同进行逃税避税的问题。还容易造成很多跨境电商利用行邮税逃税,把贸易性商品伪装成自用的商品以行邮监管的方式进境,躲避行邮税和综合税,造成不公平竞争日渐严重。

第三,纳税地点难以确认。纳税地点以发生交易行为所涉及的买卖双方主体、网上银行、服务器、网络服务商等,都可能处于不同的地方。因此,到底是以电子商务机构的所在地或是注册登记地为纳税义务发生地,还是以营业行为发生地为纳税义务发生地,或是以服务器所在地为纳税义务发生地,税务机关在实际工作中难以准确把握。

(二)跨境电商征税的其他问题

我国目前关于跨境电商进口税收的相关政策都是由对口职能部门如财政部、海关等相关部委根据国务院授权批准制定的,而且政策也主要是以通知的形式发布,还没有专门的法律。这种主要由部门制定的通知的形式级别不高,缺乏法律的权威性和稳定性,容易造成税收政策的不断变动。另外,现有政策如来自不同部门,相关政策彼此之间缺乏有机统一,使得地方政府在税收执行和监管上存在困难。虽然对跨境电商来说,有了一部《中华人民共和国电子商务法》,但是这部法律只是在大的要素框架方面做了规定,对于具体的实践操作层面没有具体规定和指导。

二、跨境电商征税的相关法规

(一)国际主要国家和地区的相关政策

1. 国际性组织协议

一些国家或国际性组织(如经济合作与发展组织)已就电子商务税务政策形成了框架协议并确立了相应的原则。1988年5月,关税与贸易总协定成员国在日内瓦召开为期三天的互联网商务会议,经过激烈的协商,与会的各国代表就互联网交易征税问题达成一致,即一年内暂时免征网上传输的商品关税。这被称为跨境电子商务发展史上的里程碑。但是协议仅限于软件、有偿信息等无形的网上传输的商品,而不适用采用互联网形式交易但是采用传统运输方式的有形商品。

2. 美国

产品的运输过程中涉及国境征税的管理和控制问题,但如果运输也实现电子化,就很难有效地控制税收。因此,免征税费为互联网的发展降低了成本,有效地促进网络技术的创新和发展,可以进一步拓展跨境电商的发展空间。美国在跨境电商征税方面一直倡导免征关税。此外,美国还积极地与国际组织合作,力求实现跨境电子商务税收问题的全球统一。

3.欧盟

欧盟在税收方面提倡法律确定性、纳税中立性。1998 年欧盟委员会确立了电子商务征收间接税的征收准则。2000 年 6 月,欧盟委员会提出了新的网上交易增值税议案,规定对欧盟境外的公司,通过互联网向欧盟境内顾客销售货物或提供应税劳务,规定销售额在 10 万欧元以上的,应在欧盟国家进行增值税纳税登记,并按当地税率缴纳增值税,并逐步建立起完善的电子商务税收管理体系。欧盟的征税规则被很多国家和地区采纳。

(二)我国相关的政策

1.进出口税收政策

我国在跨境电商征税方面积极地实施适应电子商务出口的税收政策,主要解决电子商务出口企业无法办理出口退税的问题;2015 年,国务院发布的《关于促进跨境电子商务健康快速发展的指导意见》指出将继续推进出口跨境电商增值税、消费税退税或免税政策。

2.征税体制

我国借鉴国际上的征税体制,在华北、华东、西南、华南等区域推行电子发票,将来在全国范围内推广,并建立与电子工商登记配套的电子商务税收征管体系。未来征税体系尚在探讨中。通过建立以网络交易平台为中心的控制"信息流"的税收征管模式和以银行和第三方支付平台为中心的控制"资金流"的税收征管模式成为趋势。

3.征税政策调整

财政部等部门2016 年发布的《关于跨境电子商务零售进口税收政策的通知》财关税(2016)18 号文件,开启了跨境电商零售进口的新政,对我国跨境电商进口税收的发展起到至关重要的作用。现在的跨境电商零售进口税收政策基本是以这个通知为基础实施的,后面只是在个别地方进行了一些动态调整。2019 年 4 月 8 日,国务院关税税则委员会最新出台规定,自 2019 年 4 月 9 日起,行邮税税率分档调整为 13%、20%、50%。在限值以内的跨境电商零售进口关税税率为 0,消费税和进口增值税有税收优惠,按照商品应纳税额的 70% 进行征税。2018 年发布的《通知》(财关税[2018]49 号)对 2016 年税改规定的跨境电商进口货物的交易限额进行了调整,把单次交易限额和年交易限额从 2016 年的 2000 元、20000 元,调升到 5000 元和 26 000 元,在同时满足单次限额和年度限额内免收关税。另外,跨境电商进口综合税和行邮税及一般商品和货物税相比,没有 50 元的起征点设置,所以造成了跨境电商进口综合税优惠在小额情况下不存在,这个临界点为 549 元,高于 549 元的商品,综合税会优于货物税。跨境电商综合税在限制范围内有 70% 的优惠,大部分综合税为 9.1%,部分高档消费品在征收消费税的情况下,达到 20% 以上。

项目三　线上争议解决

一、线上争议解决的特点和难点

目前,跨境电商纠纷主要还是通过跨境电商平台内部的争议处理机制来解决。这种处理机制基本分为两个阶段:第一阶段,买卖双方相互协商,如能协商一致则按协商协议执行,否则进入第二阶段,由平台介入处理,按照平台裁决的方案执行。大多数电商平台都鼓励买卖双方直接沟通协商以达成协议。平台内部争议处理机制,将大部分的争议化解在了协商阶段,但也存在一些缺陷。

二、线上争议解决的基本内容

(一)含义

网上争议解决就是利用互联网手段采取在线和解和在线调解、在线仲裁的方式解决跨境电子商务过程中产生的纠纷的各种程序和方法的综合。在线协商又分为辅助型在线协商和自动型在线协商,在线调解又分为辅助型在线调解和自动型在线调解,在线仲裁又分为正式在线仲裁和非正式在线仲裁。

(二)模式

线上争议解决有两大模式:在线和解的计算机自动化处理模式和在线调解、在线仲裁的网络技术加中立第三方模式。前一种模式是跨境电商销售网站,一般都会具备的计算机自动化处理方式,争议双方在不知晓对方报价的情况下各自报价,大大缩短争议解决的时间,有效降低争议解决的成本和费用。后一种模式是利用现代先进的网络传输技术建立模拟的调解或仲裁场景,除了自动化的处理方式外,还需要中立第三方如调解员或仲裁员进行引导,促成争议双方的和解或争议得到有效解决。

(三)特点

第一,买卖双方为了节省时间、精力,在没有充分沟通协商的情况下,仅通过电脑操作,被动选择同意接受,达成的协议可能有失公允。

第二,平台客服人员由于自身的能力水平的限制,加之对不同国家文化差异缺乏了解,无法做出客观、公正的裁决,容易造成"错判"和"悬案"。例如,国内某知名跨境电商平台就曾发生过因仓库漏发货而引发的消费者投诉无果事件。

第三,几乎所有的电商平台在其网站上都没有提供外部争议解决机制(如仲裁、司法途径)的链接。消费者很难注意到并仔细阅读,这实际上等于剥夺了买卖双方通过仲裁、诉讼等外部机制解决纠纷的权利,将平台裁决作为"终审判决"。

第四,争议处理速度慢。以敦煌网为例,协商阶段最快的处理时间也要5天;速卖通则规定,买家只能在卖家发货后10天才能申请退款。

三、联合国国际贸易法委员会线上争议解决机制

由于跨境电商的争议涉及国家之间的政策和法律问题,导致跨境电商的线上争议解决无法顺利进行。为了解决跨境电商线上争议解决的困难,一些国际性组织制定了相关的解决机制,其中最主要的就是联合国的ORD(在线争议解决)机制。

(一)ODR(在线争议解决)的含义

ODR(Online Alternative Dispute Resolution 或者 Online ADR,在线争议解决)。根据美国联邦贸易委员会、经济合作与发展组织(OECD)以及全球电子商务论坛

（GBDE）所下的定义。

ODR（在线争议解决）是指涵盖所有网络上由非法庭但公正的第三方解决企业与消费者间因电子商务契约所产生争执的所有方式。

（二）ODR（在线争议解决）的基本特征

要有效地进行跨境电商的线上争议解决,需要了解 ODR（在线争议解决）的特征。ODR（在线争议解决）的主要特征主要表现在:程序的在线性、规则的灵活性、信息的机密性、协议的非强制性;同时 ODR（在线争议解决）还具有不排除法院的实体审查、不排除当事人起诉的权利、传统仲裁裁决和法院判决优先的特征。

（三）ODR（在线争议解决）的主要形式

ODR（在线争议解决）可以用多种形式进行,主要包括在线谈判、在线调解、在线仲裁、在线消费者投诉处理和在线诉讼。

（四）ODR（在线争议解决）的局限性

1.线上争议解决的范围存在局限性

目前的线上争议解决仅包括会面成本高于纠纷解决收益的民事纠纷;诉讼请求仅有金钱类的民事纠纷;利用网络技术来解决优势非常明显的民事纠纷;可以对当事人实行网络行业自律约束的民事纠纷;当事人有特殊目的的民事纠纷。这一类争议仅限于自动裁决解决的程序的争议问题,对于大多数不能自动裁决的争议则需要考虑跨境的法律法规和法律管辖,而各国的线上争议解决的规定存在异同,则为线上争议解决带来困难。

另外,对于线上争议的主体身份难以确定。我国《中华人民共和国涉外民事关系法律适用法》对确定民事主体资格,认定为自然人适用经常居所地法律,法人则适用登记地法律;《中华人民共和国涉外民事关系法律适用法》第十四条规定,"当事人可以协议选择合同适用的法律;当事人没有选择的,适用履行义务最能体现该合同特征的一方当事人经常居所地法律或者其他与该合同有最密切联系的法律"。由此可见,对于涉外电子合同的法律适用,在做出相关限制的同时,我国依然采取了合同自体法原则。此外,还有《中华人民共和国涉外民事关系法律适用法》《互联网信息服务管理办法》《关于网上交易的指导意见(暂行)》《网络商品交易及有关服务行为管理暂行办法》以及《第三方电子商务交易平台服务规范》等。

2. ODR 网站取得案件管辖权存在局限性

ODR 网站取得案件管辖权主要方式是协议管辖。ODR(在线争议解决)的专属管辖指自律组织或者网络管理组织的成员选择某个指定的 ODR(在线争议解决)网站进行管辖。ODR(在线争议解决)网站的设立主体大多数是经营者,大多数 ODR(在线争议解决)网站是企业性质的法人,利润主要来源提供纠纷解决服务,但是 ODR(在线争议解决)网站采取的商业化的运作模式难以保证对 ODR(在线争议解决)的公正性。

3. 争议解决膺序存在局限性

ODR(在线争议解决)的裁决程序具有基本性、自愿性、合法性、变动性等特征。程序公正仍是 ODR(在线争议解决)程序第一位的价值目标,追求效率是 ODR(在线争议解决)程序的重要特征。但是在某些环节中依然存在局限性。在 ODR(在线争议解决)的虚拟环境中,匿名参加 ODR(在线争议解决)程序解决个人的纠纷是符合正当程序的。对于无诉讼行为能力人,ODR(在线争议解决)做出的对其有利的裁决就承认其法律效力,对其不利且其法定代理人又不追认的裁决就没有法律效力。ODR(在线争议解决)网站的透明性有待提高,特别是 ODR(在线争议解决)裁决书的公开方面。由于人们对于虚拟环境的不信任以及 ODR(在线争议解决)程序的弹性等原因,在世界范围内仅仅有为数不多的 ODR(在线争议解决)网站的裁决具有司法强制执行力,远远不能满足跨境电商发展的需求。

四、最新进展

(一)《纽约公约》

明确提出要努力推动《纽约公约》关于执行上仲裁裁定的议定书的订立,希望促成《纽约公约》框架下对网上仲裁协议效力的认可。《纽约公约》也把书面形式作为承认和执行外国仲裁裁决的要件。

(二)《跨境电子商务交易网上争议解决程序规则草案》

近些年来,贸易法委员会 ODR(在线争议解决)工作组每年召开会议,向各成员国征求意见,希望最终形成解决方案。2015 年 2 月,工作组在纽约召开了第 31次会议,重点讨论了《跨境电子商务交易网上争议解决程序规则草案》,中国作为成员国之一参加了会议。

(三)美洲国家网上争议解决平台

OAS(美洲国家组织)自 2003 年以来已通过美洲国际私法专门会议审议该问题,希望建立一个"美洲国家网上争议解决平台",能够统一解决美洲国家间货物和服务销售的电子商务合同争议,其工作也已进入实质性探讨阶段。

项目四　消费者权益

随着信息技术的发展和互联网的普及,我国网络交易呈持续快速发展态势。但是,利用网络进行商务活动的消费者数量激增,随之产生各种各样的消费纠纷。在跨境贸易中,由于语言障碍、法律差异、司法管辖等问题,维权成本高;无论是国内消费者还是外国消费者,都面临同样的维权难题。针对这些问题,应在立法公正、政策公开、沟通顺畅、监管严格、投诉简化等方面加强,以切实保障跨境电子商务环境下网络消费者的合法权益,实现跨境电子商务良性发展。

一、消费者权益保护的内容

跨境电商时代,在线交易的消费者权益保护主要涉及个人数据与隐私的保护、统一适用的退货换货制度、消费者支付款项的安全、消费者网络交易知情权、网上交易消费者权益保护的行政监管和司法诉讼机制。

(一)个人数据与隐私规则的保护

个人数据是指可识别的与特定主体相关的数据,是消费者权益保护的基础。隐私权指公民在网上享有的私人生活安宁与私人信息依法受到保护,不被他人非法侵犯、知悉、搜集、利用和公开的一种人格权,也指禁止在网上泄露某些个人信息,包括事实、图像等。

(二)消费者的退换货权利

包括消费者能否退换货以及如何平衡消费者与经营者之间的权利与义务问题。电子商务环境下,由于网络交易的特殊性,消费者检验商品不方便,购买到不合格商品的概率提高,保护消费者权益的问题也影响到消费者退换货的权利。

（三）消费者的交易安全

跨境电子商务时代，交易安全问题是电子商务中的基础，也是重要因素。交易的当事人双方处在不同的国家或地域，通过电子交易或网上银行进行交易，交易的安全会受到威胁，存在系统入侵的风险，消费者网上账户安全也会受到威胁，如消费者账户被篡改、交易支付密码被盗、账户资金被非法划走或莫名丢失等。

（四）消费者网络交易知情权

消费者网络交易知情权，是指消费者享有知悉其购买、使用的商品或者接受的服务的真实情况的权利。根据《中华人民共和国消费者权益保护法》的规定，"消费者有权根据商品或者服务的不同情况，要求经营者提供商品的价格、产地、生产者、用途、性能、规格、等级、主要成分、生产日期、有效期限、检验合格证明、使用方法说明书、售后服务或者服务的内容、规格、费用等有关情况"。相对应的是经营者的告知义务。跨境电子商务的交易双方处于不同的国家，对消费者知情权的保护提出了更高的挑战。

二、消费者权益保护存在的问题

跨境电子商务环境下，互联网是主要的交易手段，交易主体之间很难产生信任。消费者权益受到侵害的现象屡见不鲜，网络环境的虚拟性使消费者更易产生疑虑，网络的虚拟性及相关法律法规的滞后，导致消费者的积极性不高，从而制约了跨境电子商务的发展。因此建立健全消费者权益保护体制，建立网上商业机构信誉评价体系，大大降低了消费者在这一新型交易模式中受到的损害。

（一）网络的超地域性增加了消费者保护的难度

1. 国际管辖权增大了保护的难度

以互联网为基础的跨境电子商务，在发展的同时也在扩充着互联网的影响，同时也在使得各国之间的界限被不断减弱，仿佛整个世界的各个地区都将融为一体,成为真正的地球村。然而在这个过程中,还需要注意的是国境仍然存在,既然名为跨境,就必须要认清它,确实是将分属不同地区的消费者与商品提供者联系了起来。可是目前由于各个国家电子商务发展的水平不同,对于跨境电子商务的管理机制与管理规则都各不相同,一旦当电子商务交易过程中出现了纠纷,那么司法裁定和司法管辖权就会出现矛盾。电子商务随着互联网的快速发展,可是相关的法律立法却无法跟得上这样的脚步,这也使得我国在处理相关的法律纠纷时面临着新的问题,无法确定自己是否拥有相关的管辖能力,造成了消费者与商家,平台与个人之间的冲突。

2. 售后服务很难保证

在跨境电商的交易与服务中,存在着售后服务很难全面保证的问题。正因为跨境电商属于国际贸易之间的交流,其交易模式更多的是基于网络上消费者与代购者之间的社会信任,而目前的跨境电商的运作模式缺乏一定的流程作为参照依据,使得其市场交易的类型灵活多样,可以选择在线支付或者货到付款,但是其在交易之后,由于国际之间沟通交流的成本较高,跨境电商产品采取的是"一经售出,无后续售后服务保证"的模式,特别是大量预售产品,会因时间上的差异而产生发货问题、退款问题及退换货问题,因此部分消费者往往需要承担国际运输的运费损失,使得国际产品售后服务缺失,消费者合法权益保护困难。

(二)现有的消费者权益保护法的内容不能适应需求

购买境外商品的消费者无法享受《中国人民共和国消费者权益保护法》新增的"网购无理由退货"制度。

即便是在跨境通商城这样被视作海淘"正规军"的电商平台,买到境外商品想退货也很难,消费者必须找具体单体商家"协商解决问题"。而且地方法规无法对涉外民事关系司法管辖、法律适用等实体问题做出规定,只能要求消保委参与跨境消费维权机制的构建。以往国际组织推动消费者权益保护的落脚点放在改善国内立法方面,而直接体现在国际协定内容里的条款较为少见。

（三）消费者权益保护手段比较落后

传统的消费者权益保护手段只针对传统交易方式设立。传统交易中有关消费者侵权事件的调查取证过程长、调查手续繁杂，不适用于跨境电子商务的交易模式。由于网络的特殊性，在网络交易中损害消费者权益的方式和手段比在传统交易方式下的更加复杂多样，在网络上出现的虚假信息远远多于现实，不法经营者更容易利用网络等手段达到欺骗消费者的目的，网络技术也更容易被利用制造新的欺诈方式，甚至侵权者利用网络的虚拟性和高科技性能毁灭侵权证据，使消费者和监管者难以掌握证据，更难以对其实施处罚，因而使侵权行为变得更加难以识别、难以控制。与此同时，网络的匿名性也给准确查找违法者增加了难度。

（四）政策的制定不利于消费者权益的保护

以网络消费者的合同为例，网络消费者合同多属格式合同，具有跨境性质。从保护消费者权益的角度对网络消费者合同中的格式条款问题进行调整，应遵循使消费者在网络交易中得到与其他交易条件下同等、有效的保护原则，对现行有关对消费者合同的格式条款进行规制的法律原则仍应适用于网络环境。这样对于树立消费者对跨境电子商务的信心，促进跨境电子商务正常有序地发展具有重要意义。

三、现有的消费者权益保护法规介绍

（一）我国相关法规

《中华人民共和国消费者权益保护法》是维护全体公民消费权益的法律规范的总称，是为了保护消费者的合法权益，维护社会经济秩序稳定，促进社会主义市场经济健康发展而制定的一部法律。这部法律于1993年10月31日第八届全国人大常委会第4次会议通过，经过两次修正后，新版《中华人民共和国消费者权益保护法》（简称《新消法》）。《中华人民共和国消费者权益保护法》分总则、消费者的权利、经营者的义务、国家对消费者合法权益的保护、消费者组织、争议的解决、法律责任、附则8章63条。其中涉及跨境电商领域,"新消法"规定消费者在购买、使用商品和接受服务时,享有其人格尊严、民族风俗习惯得到尊重的权利。

(二)国外相关法规或条例

欧盟的《普遍产品安全》中有关于欧盟成员国之间消费者权益保护的规定及具体措施。这项指令寻求建立一种强制体系,为了保证消费者的健康和安全,可在其领土范围内,采取紧急措施,阻止、限制或规定某一产品的销售或使用;建立了警报系统,包括紧急通报欧委会,再由欧委会将信息转达给其他成员国。有关网上消费者权益保护,欧盟颁布了多部指令性法规,如《关于消费者合同中不公平条款的指令》《关于在某些方面保护不动产分时段使用权买卖合同的买受人的指令》《关于远程销售合同缔结中的消费者保护指令》《关于内部市场中的信息社会服务尤其是电子商务若干法律问题的指令》《关于与商事交易中的支付迟延做斗争的指令》等。对于跨境电商环境下消费者的权益保护在当前电子商务有关规定的基础上进行修改或调整。

(三)法律法规制定应考虑的问题

针对以上提出的目前跨境电子商务中消费者权益保护存在的问题,应从多个方面有针对性地制定相应的措施,对网络跨境消费者的权益予以保护。

1.加快立法进程

纵观当前跨境电子商务的法规体系,在海关监管改革、检验检疫、税收和结汇支付等方面的操作规范已基本具备,但现有规范与目前跨境电商所存在的弊端还是难以协调。并且,由于法律位阶较低,具体规范基本都是各部委各自所制定的规范性文件,缺乏一个合理科学的协调机制,这就导致在同一个问题上难免存在规范互相冲突或不一致的情况。为实现对跨境电商更加全面和有效的规范,建议在各部委所提出的管理规范性文件的基础上,结合跨境电商的发展趋势和弊端,制定一部统一的跨境电商法及配套实施条例。

2. 加强国际合作

跨境电商消费者权益协同保护机制建设主要包括两方面：一是我国应当与跨境电商合作国缔结双边或多边条约，构建跨境电商产品质量标准和强制标准。尤其是那些受欢迎的儿童奶粉、儿童玩具等，符合产品质量法律规定的同时，还应当在显著位置进行标识中文，以便消费者按照中文说明进行使用。二是建立一致认可的退换货制度和售后服务体系。如七天无理由退换货等。要求跨境电商所有卖家在显著位置详细说明退换货流程和约束条件，并得到消费者的事前确认。对于不能提供保修等售后服务的，要提前与消费者说明不能保修的原因，征求消费者的事前同意。当然，各国政府可为售后服务提供财政补助，引导本地企业将跨境售后服务委托和外包给当地成熟企业或售后团队，以完善本国企业售后服务体系。三是加强国际执法和司法合作，共同打击非法跨境电商交易。针对不法商家利用跨境电商的便捷非法销售原产国严禁销售的商品行为，取缔交易资格，联合进行执法查处，切实保护消费者合法权益。

3. 完善在线解决机制

如今我们处理跨境电商交易的纠纷时，大多数仍然会选择以线下实际投诉为主要的维权手段。虽然线下的投诉以及找相关部门进行维护权益的行为是正确的，可是在线解决纠纷仍然是未来发展的一个重要方向。由于电子商务交易本身就是在网络之中，因此可以通过网络解决相关的问题，它符合了电商交易本身的特征，同时也能够为消费者维权争取更多的时间。一旦这样的管辖内容被确立下来，那么网络中的第三方解决机制也可以顺利运转起来，这样可以让消费者能够更加及时去反馈解决相应的问题，给予消费者更好的消费体验。

项目五　网络安全

跨境电子商务依托互联网进行交易,网络安全是保障跨境交易过程的基础。不法分子利用网络进行欺诈,严重损害了消费者的利益,商家对欺诈行为的防范和对损失的补偿造成电子商务高额成本。跨境电子商务中对于开拓海外市场的商家来说,若开拓市场所在国的法律制度和网络系统不安全,则需要在防范网络方面投入较高成本。因此,了解跨境网络威胁的特点,对跨境网络进行安全防范可以有效降低跨境电商交易的风险,保证跨境电商健康快速地发展。

一、跨境网络安全的基本内容

(一)网络安全的含义

跨境电商的网络安全(Cyber Security)指在跨境电商环境中以互联网为载体的交易和支付安全问题,由互联网引起的个人数据和隐私受到侵犯的问题等方面。

(二)网络安全的表现

跨境电子商务面临的网络安全威胁表现在多方面。信息在网络的传输过程中被截获、传输的文件可能被篡改,伪造电子邮件,假冒他人身份,不承认或抵赖已做过的交易。跨境电子商务安全的基本原则:授权合法性、不可抵赖性、保密性、身份的真实性、信息的完整性、储存信息的安全性。

二、跨境网络安全的预防措施

跨境电商中信息安全的法律保护需要依靠国内层面和国际层面的共同努力。

综合解决我国国内法中的体例问题和内容问题,首先,需要加快推进关于信息安全和跨境数据流动专门立法的进程,目前《个人信息保护法》和《数据安全法》已在我国立法规划中,这两部单行法的出台,将更有利于信息主体对自身权利的主张,也可以在一定程度上提高争议解决的效率。其次,应当针对跨境电子商务这一特殊领域的特点,结合实际经营过程中发现的立法盲区,不断完善和改进现有法律法规中的内容,适当扩展相关法律保护的客体以顺应高科技时代电子商务的发展趋势。最后,应当注重位于不同部门中的法律法规之间价值取向的协调,平衡个人隐私保护、商业利益以及国家安全之间的关系,同时注重不同效力位阶法律规范中相关制度的衔接。

(一)加强网络安全体系的评估

加强对网络安全系统的建设和动态监管;提高网络用户的安全意识、普及网络安全常识;计算机技术类保护主要有防火墙、虚拟专用网、入侵检测系统、蜜网及蜜罐。

防火墙的作用是保护内部网络免受外部的非法入侵,主要有三种类型:过滤型、应用网关型和电路网关型。

采用公钥基础设施。常见的加密方法有:一种是加密和解密同采用一把密钥,且通信双方必须都要获得这把密钥,叫对称密钥;另一种是公私成对的两把密钥,即加密使用一把密钥(一般是公钥),收到秘文后用私钥解密,此外还有公共(非对称)密钥加密、数字签名和数字证书。通常采用数字签名、身份认证、数字时间戳和数字证书等方式。其中数字身份认证技术可以有效解决身份验证额保证交易不可抵赖。为了保证交易过程中数据来源可靠、传输安全、不被篡改并且能为交易各方的行为提供无可抵赖等,许多公司提出了不同的标准,其中比较有名的是 SET 安全电子交易协议和 SSL 安全套接字层协议。

(二)建立健全网络安全应急响应机制

深入开展信息网络安全人员的培训工作。如建立信息保障(information assurance，IA）。信息保障是一个用来防止未经认证就使用或修改存储的、处理中的或通过网络发送信息的信息保护系统；具有机密性（confidentiality）、完整性（integrity）和可用性（availability）的特点，通常被称为 CIA 三要素；同时具备认证性（authentication）、授权性（authorization）和不可否认性（nonrepudiation）的特点。

三、跨境网络安全法律法规

（一）其他国家相关法规

大规模的政府数据、商业数据和个人数据通过云服务来存储和处理，随着跨境数据的日益频繁，各国开始重视跨境数据流动的管制并重点关注政府和公共部门数据的跨境管理。澳大利亚在联邦个人隐私原则中对"数据的国际流动"做了规定，要求机构向海外组织或信息主体以外的某人传送信息受到一定的制约。澳大利亚《政府信息外包、离岸存储和处理 ICT 安排政策与风险管理指南》规定，为政府部门开发的云服务，属于安全分类的数据不能储存在任何离岸公共云数据库中，应存储在拥有较高级别安全协议的私有云或社区云的数据库中。

意大利、匈牙利等国在当地的法律法规中禁止将政府数据存储于国外的服务提供商。印度尼西亚在立法中要求提供公共服务的电子系统运营商必须在印度尼西亚国内建立数据中心，交易数据必须存储在境内。韩国《信息通信网络的促进利用与信息保护法》中规定政府可要求信息通信服务的提供商或用户采取必要手段防止任何有关工业、经济、科学、技术等的重要信息通过信息通信网络向国外流动。

（二）我国相关的法律法规

我国有关计算机和网络安全方面的法规《计算机信息网络国际联网安全保护管理办法（公安部令第 33 号）》加强对计算机信息网络国际联网的安全保护，保护计算机信息网络国际联网的公共安全,维护从事国际联网业务的单位和个人的合法权益和公众利益;对于进入计算机信息网络或者使用计算机信息网络资源和对计算机信息网络功能进行删除、修改或者增加以及对计算机信息网络中存储、处理或者传输的数据和应用程序进行删除、修改或者增加给予监管;要求用户在接入单位办理入网手续时应当填写用户备案表并由公安部监制。国务院于2000年9月审议并通过的《中华人民共和国电信条例(草案)》和《互联网内容服务管理办法(草案)》中对电信市场秩序加以规范并加强对互联网内容服务的监督管理,维护国家安全、社会稳定和公共秩序。

四、跨境个人数据保护与隐私规则的基本内容

(一)范畴

隐私权的概念于1890年提出,是指每个人都有"独处而不被打扰"的权利。在这之后,一些国家开始在法律中确定了隐私权的地位,并对其进行保护。传统的隐私权主要指自然人(非法人)在以下三个方面享受被保护的权利,即个人信息、个人行为自由和个人空间。随着电脑技术和互联网的广泛应用,个人隐私更多地表现为网络上的个人数据,于是数据隐私体现为三个新的方面,即个人数据、网络浏览踪迹、个人网络空间。电子商务需要收集、利用、加工、传输消费者的个人数据,在网页上抓取消费者的浏览踪迹,给消费者的电子邮箱发送广告邮件,因此涉及数据隐私保护问题,具体分析如下:

1. 个人数据

由于各国的文化差异和立法传统不同,跨境数据流动的客体"个人信息"在不同的法律文件中所用的术语表达不完全一致。有些文件使用个人数据,有些使用个人信息,有些表达为隐私。总体来说,使用个人数据作为表达的国家相对占多数,虽然国际上没有统一的用语,但是表示的意思大体是一致的,有时候会存在相互混用或者替用的情况。欧盟把个人数据作为术语,将其定义为"与已识别或可识别的自然人(数据主体)相关的任何信息"。经济合作与发展组

织也是使用个人数据,将其描述为"指任何与已识别或可识别的个人(数据主体)有关的信息。"亚太经济合作组织虽然使用的是个人信息的表述,但是定义与欧盟一致。

2. 网络浏览踪迹

利用一些软件,比如 cookie,电商网站可以抓取到消费者的浏览路径,推测其购买喜好,实时地向其推销相关产品。有的消费者不喜欢自己的浏览路径被跟踪,拒绝软件对自己进行定位,电商企业应尊重消费者的隐私权利。

3. 经营者信息

经营者信息包括由经营者依法排他所有或使用的,能够集中彰显商品或服务独特品质的技术信息和具有商业价值且经营者有意保密的重要经营信息。在跨境电商交易模式下,部分技术信息,可以直接作为经营者提供的服务或商品,也可表现为专利或商标形式,属于知识产权的范畴;而其他不满足知识产权客体要求的技术信息和重要经营信息,可视为商业秘密。在跨境电商中,网络承载的电子化经营者信息具备更强的公开性和流动性,但同时也催化了侵害经营者知识产权和商业秘密行为的发生。

(二)主要保护模式

各国的隐私保护模式主要有两大类:以欧盟为代表的法律规制模式和以美国为代表的行业自律模式。

1. 法律规制模式

采取法律规制模式的国家主要通过颁布法律、严格执法程序来实现对数据隐私的保护。到目前为止,世界上已经有几十个国家颁布了数据隐私保护运律,比如欧盟的数据保护指令(95/46/EC)、日本的《个人信息保护法》、加拿大的《个人信息保护与电子文件法》等。采用法律规制模式的国家主要以法律监管措施来规范电商企业的隐私保护行为,通过罚款、强制执行等手段对电商企业产生震慑力。

2.行业自律模式

采取行业自律模式的国家通常是市场经济发达的国家,重视市场调节手段,弱化政府干预力度。以美国为例,有很多不同类型的行业自律组织:倡议性隐私保护自律组织(如"网络隐私联盟")、个人隐私保护认证组织(如 TRUSTe 和 BBBOnLine)以及行业协会。在美国,行业组织主要通过对电商企业的隐私保护政策进行审核并在其网站张贴隐私保护信赖标章的形式,引导消费者的购物选择,以市场的力量促使电商企业提高隐私保护标准。

两种模式各有利弊,并且出现了融合的趋势。美国已经修订并颁布了十多部法律,欧盟也在采用"约束性公司规则"的企业自愿认证方式。总体来说,采取行业自律模式的国家电子商务发展水平较高,而采取法律规制模式的国家对电商企业的束缚较多,活力略显不足。

(三)国际数据隐私保护规则体系

由于跨境个人数据保护涉及不同国家法律政策的协调问题,不是单个国家可以解决的,因此不少区域经济组织或国际经济组织纷纷出台了相关的指南和框架,以及构建了区域的跨境隐私规则体系。

规则体系目前有两个,即欧盟的"约束性公司规则(BCR)"与亚太经合组织的"跨境隐私规则(CBPR)"。两个规则都以企业自愿申请为前提,对符合隐私保护标准的企业进行认证。规则体系结合了行业自律和法律监管的要素,获得认证的企业将继续受到它的监管,并能够在区域内获得较大的竞争优势。

五、跨境个人数据保护与隐私规则的重要性

了解和掌握跨境隐私规则对于跨境电商企业具有非常重要的意义。

(一)数据隐私保护是信息时代的核心商业规则

电子商务帝国的构建离不开消费者的个人信息。一个电商企业拥有的网消

费者越多,占有市场的份额就越大。支付宝的实名用户超过 3 亿,支付宝钱包的活跃账户超过 2.7 亿个,当之无愧成为网络支付企业的领军企业。各电商企业都在以各种手段、优惠条件、赠送礼品等方式大量地吸引消费者,扩大自己的市场份额,可以说,在电商世界,个人数据才是商业成功的法宝。同样,在跨境电子商务中,拥有国外消费者的个人数据也是海外业务成功的保证。

未来的电商生态圈中,个人数据居于核心地位。只有个人数据源源不断地进入这个生态圈,电子商务才能不断发展壮大,具有蓬勃生机。那么,什么是吸引个人数据的关键? 什么能够使消费者愿意提供个人数据并维持对某个电商企业的忠诚度? 试想,如果一个电商网站随意获取消费者的个人数据,随意泄露给第三方,随意发广告邮件或者打骚扰电话,甚至消费者在该网站输入的财务信息遭到泄露而损失巨大时,消费者还愿意在这个电商网站消费吗? 答案是很明显的。虽然,隐私保护不是电商企业吸引个人数据的充分条件,但一定是留住个人数据的必要条件。国外许多实证研究表明,隐私保护水平与消费者在该网站的购物意愿呈正比。

跨境电商要吸引和维护的是国外消费者的个人数据,我国跨境电商的重要市场是隐私保护法律比较健全的欧美市场,因此,提高隐私保护水平是保持我国跨境电商可持续发展的必要条件。信息时代已经到来,数据隐私保护是信息时代的核心商业规则,掌握规则才能顺应潮流、把握商业的成功。

(二)数据隐私规则体系可能成为跨境电商的新壁垒

为了保护信息时代的数据隐私,世界上几十个国家已经颁布了自己的隐私保护法律,其中欧盟的保护力度最高。近来,欧盟已经频频对 google,facebook 等跨境电商巨头发起指控和处罚,要求其对欧盟居民执行"被遗忘权";我国的小米手机在港澳地区也因被指将当地用户数据传回大陆总部而受到数据保护当局的介入调查。类似于国际贸易中常见的反倾销调查、知识产权保护以及其他技术标准,隐私保护规则很可能成为一个新的贸易壁垒,将对跨境电商的发展产生重要影响。

一些区域性经济组织在积极构建自己的隐私规则体系,比如 APEC 的"跨境隐私规则"和欧盟的"约束性公司规则",并且两个规则体系正在讨论联手的可能性。世界最终会形成一个全球性的隐私规则体系,好似一个巨大的壁垒,将游离在规则体系之外的企业挡在外面。因此,掌握信息时代新规则,积极参与数据隐私规则体系,是跨境电商企业绕过隐私保护新壁垒的最好办法。

六、跨境个人数据保护与隐私规则的主要问题

跨境个人数据保护与隐私规则尚未解决的问题主要有:

(一)个人立法信息的问题

2012 年,工信部颁布了《信息安全技术——公共商用服务信息系统个人信息保护指南》(简称《指南》)。作为我国首个关于个人信息保护的国家规定,填补了我国在个人信息保护立法方面的空白,为之后在各个领域的个人信息保护提供了指引。《指南》首次做出了对我国的个人信息跨境流动过程中保护的规定;并且对个人信息主体、个人信息管理者、个人信息获得者、第三方测评机构做出了界定等。为个人信息保护的法治体系发展打下基础。但是《指南》属于软法,并不是强制性规定,因而不具有约束力,显然这对个人信息的保护力度是不够的。

(二)国际协调问题

各个国家对个人信息跨境转移的态度不同,因此各国在这方面的法律也存在差异性,当我国的消费者在电子商务中提供了个人信息流转到境外保护力度较低的国家,则很难得到有效的保护,国家发挥的监管作用也十分有限,个人信息对不法分子来说是隐藏的财富,一旦遭遇泄露则对个人的财产与人身安全将产生极为不利的影响。因此,鉴于各国之间的立法不统一,为了保障个人信息跨境转移的渠道畅通,选择国际合作是各国的一致看法,这样能解决各国之间的法律冲突,也能有效地加强个人信息跨境转移中的执法,使对本国公民的个人信息监督范围不

仅仅局限于国内。

(三)管辖权问题

　　跨境电子商务跨越了国界,就产生了法律的适用问题。目前法律界有以下几种观点:适用电商企业所在国的法律、适用利益受到损害的消费者所在国法律、适用购买行为发生地的法律以及服务器所在国法律等,有待学者和专家研究制定一个统一的标准。

(四)全球隐私规则体系问题

　　由于各国隐私保护法律存在很大区别,最终还需要建立一个全球隐私规则体系,构建统一的隐私保护标准,把全球自愿加入并符合标准的跨境电商企业纳入进来,以促进个人数据在全球范围内无障碍流动。目前只有两个区域性的隐私规则体系,即欧盟的 BCR(约束性公司规则)和亚太经合组织的 CBPR(跨境隐私规则),但影响力还不够广泛。目前,这两个规则正在讨论相互合作的可能性,有望成为全球隐私规则体系的雏形。

项目六　国际间协调

一、双边自贸协定中的跨境电子商务政策

随着电子商务的应用日益广泛,跨境电子商务已经愈来愈成为双边自贸协定中必不可少的主题,通常单列一章。纵览双边自贸协定中关于跨境电商政策的规定,发现很大程度上具有一致性,都本着消除跨境电子商务贸易壁垒和促进电子贸易繁荣的原则。双边自贸协定的跨境电子商务政策部分主要涉及以下几个问题。

(一)电子贸易的非歧视问题

双边自贸协定为促进跨境电子商务的发展,规定不得歧视电子贸易形式以及数字产品。例如,澳美自贸协定规定不对数字产品征收关税,不得歧视采用电子贸易形式的数字产品(在线音频产品与刻在光盘上的音频产品不应采用不同的收税标准)。两国重申,不得歧视以电子贸易形式交易的商品,比如用电子邮件发送的建筑设计图与通过传统邮寄形式发送的建筑设计图不应采取区别收税标准。

(二)数字认证问题

双边政府应努力促成政府签发的数字证书的互认。在证书互认的情况下,澳大利亚企业就可以直接在网上向美国政府机构办理数字产品的报关手续;通过网络提交的报关单据也应视为与纸质单据具有同等效力。

关于数字认证的合法性,双边自贸协定还规定,任何一方都不得以法律形式阻止电子交易双方采用适当的数字真实性认证方式;也不得剥夺电子交易双方在法庭上证明电子交易真实性的机会。双方应鼓励数字证书在商业领域的互认。

(三)关税问题

跨境电子商务属于新兴的业态,政府通常对它采取免税的措施以促进其发

展。双边自贸协定多规定,无论是附着在物理媒介上还是通过网络传送的数字产品,双方政府都不得对其征收进口或出口关税。

(四)消费者保护问题

促进跨境电商的同时,双边自贸协定也不忘强调对双方消费者的保护。协定通常规定,应采取透明有效的措施来保护消费者的权益,使之在参与电子商务时免受欺诈。在制定个人数据保护标准时,双方应尽可能参照国际标准和相关国际组织的标准。

(五)无纸化管理问题

双方政府部门应努力推进无纸化办公,并向公众公开电子表格。贸易监管部门应承认电子单据与纸质单据具有同等效力。双方应在无纸化管理上积极合作,扩大对贸易管理电子单据的接受程度。

二、国际组织推动跨境电商法律协调

我国是亚太经合的参与国,成为 APEC 隐私保护体系的签署国,且加入了CBPR 体系(跨境隐私规则),这对于我国对外合作的各个领域是一个良好的开端。我国是世界第二大经济体,欧盟是我国主要贸易伙伴,但是目前我国无法运到与欧盟充分保护的保护标准,国际上存在我国对流入数据的不能提供充分保护的顾虑。我国应当积极参与和倡导大数据国际传输新规则,充分发挥我国在大数据和 AI 领域的优势,在积极开展国际贸易时建立自己的个人信息跨境流动规则,争取在个人数据领域有一定的主导权。总的来说,我们要在落实立法和司法制度的基础上不断完善,发挥行业自律的作用,积极参与国际规则的制定,为我国公民信息的跨境提供更严格的标准,为电商企业营造更好的营商环境。

(一)联合国

联合国国际贸易法委员会于 1966 年由大会设立。大会在设立贸易法委员会时承认,各国的国际贸易法律存在差异,给贸易流通造成了障碍,因此,大会把贸易法委员会视作联合国可借此对减少或消除这些障碍发挥更积极作用的工具。

联合国国际贸易法委员会一直致力于推动跨境电商法律法规政策的制定,为这种特殊的国际贸易形式保驾护航。早在20世纪90年代初,国际贸易法委员会就在推动EDI(电子数据交换)的建设,有力地促进了国际贸易无纸化的发展。从20世纪90年代末至今,又在讨论电子可转让记录的规范问题。2010年,针对跨境电商在世界范围内蓬勃发展的状况,委员会决定成立专门的工作组来制定与跨境电商相关的网上争议解决机制。近些年来,ODR(在线争议解决)工作组每年召开会议,向各成员国征求意见,希望最终形成解决方案。

2015年2月,工作组在纽约召开了第31次会议,重点讨论了网上争议解决规则的草案,中国作为成员国之一参加了会议。贸易法委员会网上争议解决规则旨在为价值低、数量大的电子商务交易提供方便快捷、成本效益高的争议解决程序;旨在为交易营造安全、可预测的法律环境,以确保交易者对网络市场抱有信心;旨在能够推动中小微企业通过电子商务和移动电子商务手段进入国际市场。

(二)经济合作与发展组织

经济合作与发展组织(Organization for Economic Co‐operation and Development),简称经合组织(OECD),是由34个市场经济国家组成的政府间国际经济组织,旨在共同应对全球化带来的经济、社会和政府治理等方面的挑战,并把握全球化带来的机遇。成立于1961年,目前成员国总数34个,总部设在巴黎。

经合组织是较早关注数字经济的国际经济组织,成立了数字经济政策委员会(OECD's Committee for Digital Economy Policy),重点关注三个方面,即电子商务的信任问题、大数据和知识经济、互联网政策与治理。电子商务的信任问题也是个人信息保护问题,只有对个人信息采取恰当的保护措施,网络消费者才会建立起对电子商务的信任。早在1980年,经合组织就出台了"个人数据跨境流动保护指南",成为世界个人数据保护立法的蓝本,对欧盟1995年颁布的个人数据保护指令具有重要影响意义。

在大数据和知识经济方面,经合组织一直努力推动大数据分析的创新和发展,为成员国最大化利用数字经济的福利而最小化相关风险提供政策指导。在互联网政策与治理方面,经合组织的长期工作目标之一是帮助政府制定刺激数字经济发展、造福全社会的政策。该组织出台了"互联网政策制定原则建议",旨在保护隐私、互联网安全、知识产权、信息自由流动以及加强国际合作的基础之上保持互联网的开放性。从 2006 年开始,经合组织数字经济政策委员会每年都举办关于互联网政策与治理的高端会议,议题广泛,涉及信息基础建设、信息安全、隐私保护、知识产权、国家域名等,对国家制定社会、经济和安全政策都有启示意义。

(三)亚太经济合作组织

亚太经济合作组织(Asia – Pacific Economic Cooperation,简称 APEC)是亚太地区最具影响的经济合作官方论坛,共有 21 个正式成员和三个观察员。APEC (亚太经济合作组织)的宗旨是:保持经济的增长和发展;促进成员间经济的相互依存;加强开放的多边贸易体制;减少区域贸易和投资壁垒,维护本地区人民的共同利益。APEC(亚太经济合作组织)主要讨论与全球及区域经济有关的议题,如促进全球多边贸易体制,实施亚太地区贸易投资自由化和便利化,推动金融稳定和改革,开展经济技术合作和能力建设等。

APEC(亚太经济合作组织)很关注区域内电子商务的发展和合作,专门设有电子商务指导组(Electronic Commerce Steering Group),下设无纸化贸易分组(Paperless Trading Subgroup)和数据隐私分组(Data Privacy Subgroup)。无纸化贸易分组积极推动区域内国际贸易电子化,先后就电子原产地证书(Electronic Certificate of Origin)、电子商务谈判(e – negotia – tion)、电子发票(e – invoicing)、电子卫生和植物检疫证书(Electronic Sanitary and Phy – to – Sanitary Certificate)、电子提单(e – bill exchange)、电子舱单(e – manifest)、电子单据归档(archiving of e – documents)以及电子贸易金融(e – trade financing)等问题进行研讨,制定了相关标准和文件,促进了亚太区域电子商务的协同发展。

数据隐私分组于 2003 年成立,致力于在保障区域内个人数据保护水平的基础上推动个人数据的自由流动。DPS(数据隐私分组)于 2004 年推出隐私框架,经部长级会议签字认可;之后研究制定了能够落实隐私框架并具有可操作性的隐私规则体系 CBPR(跨境隐私规则),从 2012 年开始接纳符合规则要求的成员。

2012 年 12 月,数据隐私分组和欧盟第 29 条工作会联合成立了一个工作组,讨论 APEC(亚太经济合作组织)的 CBPR 与欧盟的 BCR 规则体系之间的对接问题。2015 年 1 月,APEC(亚太经济合作组织)通过了数据加工企业的隐私认证项目,并于近期启动纳新认证工作。数据隐私分组的工作主要是运用行业自律认证来促进企业提高数据隐私保护标准,最终实现亚太区域甚至欧盟区域个人数据的自由流动。

(四)国际商会

国际商会是为世界商业服务的非政府间组织,是联合国等政府间组织的咨询机构。国际商会于 1919 年在美国发起,1920 年正式成立,其总部设在法国巴黎。由于国际商会的成员公司和协会本身从事于国际商业活动,因此它所制定用以规范国际商业合作的规章,如《托收统一规则》《跟单信用证统一惯例》《国际商会 2010 国际贸易术语解释通则》(INCOTERMS)等被广泛地应用于国际贸易中,并成为国际贸易不可缺少的一部分,国际商会属下的国际仲裁法庭是全球最高的仲裁机构,它为解决国际贸易争议起着重大的作用。

随着数字经济的到来,电子商务正在对国际贸易产生深刻的影响,国际商会成立了数字经济委员会(The Commission on the Digital Economy),开始研究制定相关的规则政策。数字经济委员会主要在以下三方面进行了国际协调工作:互联网与电讯、隐私与个人数据保护、网络安全。在互联网与电讯方面,国际商会努力推动会员所在国政府加大电讯基础设施建设,降低电讯企业成本,为电子商务的发展建立良好的基础;引导企业经营管理实现透明化,提高诚信,保证域名体系的安全和稳定。

在隐私与个人数据保护方面,国际商会对欧盟旨在保护跨境传输个人数据的标准合同条款(SCC, standard contractual clauses)提出了合同范本,并针对欧盟 BCR(约束性公司规则)的申请制作了标准表格;对欧盟拟出台的数据保护条例(General Data Protection Regulations)发表意见;密切关注亚太经合组织的 CBPR 规则的具体内容和进展情况;引导没有隐私保护法律的国家尽早立法,以提高电子商务消费者的信心。

在网络安全方面,国际商会颁布了"商业网络安全指南",给企业信息技术部经理们提供实用的网络安全实践指导。国际商会是全球网络专家论坛的创始成员,来自世界各地的网络专家在此交流经验,促进全球网络应用水平的提高。

三、跨境电子商务的法律管辖权

(一)传统的商务合同管辖权

电子商务利用互联网技术把世界各地的消费者和卖家联系在了一起,方便了国际贸易的开展,但是却给交易合同的法律管辖权提出了挑战。传统的买卖合同存在四种管辖基础。第一,"原告就被告"原则一以被告住所地的人民法院为诉讼管辖法院,该原则在消费合同管辖中依然适用,它是确定民商事管辖的最主要依据。第二,协议管辖优先——商家和消费者如果签订了有效协议来选择管辖法院,则纠纷发生后在双方选择的法院地诉讼。协议管辖条款在消费合同中一般是由商品或服务提供者提供的。第三,合同履行地管辖——有关合同的案件,可以由债务履行地法院管辖。消费合同作为合同的一种,也同样可由合同履行地法院管辖。第四,消费者原地管辖——在消费合同中,消费者一方无论是在资源占有还是在经济实力上都处于劣势地位,因此各国都在法律上对消费者进行倾斜性规定以保护消费者利益。在消费者对合同另一方提起诉讼时,允许消费者在另一方住所地国法院或在消费者本人住所地国法院进行。在以上四种管辖基础上,协议管辖优先适用,消费者原地管辖次之,然后才适用"原告就被告"原则、合同履行地管辖。

(二)跨境电子商务对传统管辖权提出的挑战

跨境电子商务给传统的法律管辖权提出了挑战:

第一,原告就被告原则的难点在于:识别合同当事人身份及当事人所在地在目前技术条件下仍是棘手的难题。

第二,协议管辖的最大挑战是协议管辖条款的效力问题。在网络环境下,一般为在线的格式合同,由于技术限制,消费者除了完全接受格式合同外别无选择。

况且该在线合同在消费者点选"我同意"后即进入下一界面,消费者难以保存该电子合同,使得该合同在诉讼中作为证据使用的难度很大。

第三,合同履行地难以判断。例如某家网站提供在线电影收费观看服务,而此在线电影网站服务器很可能不在商家所在地国,可能是租用的他国服务器,也可能连商家也不知道他租用的服务器真实所在国家。此时,合同履行地点就无法判断。

第四,消费者原地难以判断。商家在网络环境下,面对浩瀚的商业信息,也难以全面掌控各种信息资源。并且电子商务是背对背的交易,商家不可能具有足够精力、技术来查明与其交易的消费者的真实信息,因此,其面对的消费者可能处于世界任何一个角落,此种情况下坚持适用消费者原地管辖,则把商家推在全世界被诉的巨大风险中。

(三)跨境电子商务管辖权的探索

电子商务是新兴领域,国际上有关电子商务消费合同管辖理论和实践尚处于起步阶段,未构建出完整的理论体系,各国的立法也基本属于空白。于 2002 年 3 月 1 日生效的欧盟《布鲁塞尔条例》,其涉及电子商务消费合同管辖的规定成为世界关于电子商务管辖的第一部相关立法,对各国具有示范与借鉴意义。而海牙国际私法会议是最为重要和最富影响的从事国际统一私法的国际组织,为适应经济全球化的趋势,海牙国际私法会议正将关注的目光转向商法领域,集中精力起草了《民事管辖权和外国判决公约》,开始致力于研究电子商务等新课题。

1.欧盟电子商务消费合同管辖权的立法

1968 年由法国、联邦德国、意大利、比利时、荷兰、卢森堡在布鲁塞尔签订了《关于民商法案件管辖权及判决承认与执行公约》(又称《布鲁塞尔公约》),公约于 1988 年以《卢加诺公约》的形式将其主要规则扩展到欧洲自由贸易区。《卢加诺公约》确立了原地管辖规则,规定消费者对合同另一方提起诉讼,可在另一方住所所在地缔约国法院或在消费者本人住所地缔约国法院进行;消费合同另一方提出诉讼仅得在消费者住所地缔约国法院进行。公约还对启动原地管辖规则规定了两项条件:一是在消费者住所所在国,合同缔结前曾收到向其发出的明确特定的邀请或广告;二是消费者在该国采取了缔结合同的必要步骤。

随着科学技术的飞跃发展,贸易活动的不断演变,新的商务活动方式不断涌现,《卢加诺公约》不能有力解决电子商务问题,因此,欧盟于 2000 年 11 月 30 日通过了新的《布鲁塞尔条例》。

2. 海牙国际私法会议对电子商务消费合同管辖权的立法探索

海牙国际私法会议是 1893 年成立的一个国际组织,于成立之初便将统一管辖权规则、建立国家间判决承认与执行机制作为任务之一。该组织于 2005 年 6 月 30 日通过了海牙《选择法院协议公约》。由于各国现有的管辖权规则存在广泛差异以及互联网的发展对管辖权规则带来的巨大冲击,公约则以统一欧洲共同体和美国之间在民商事案件管辖权规则以及法院判决承认与执行方面的分歧为主要目的。在公约起草过程中,消费合同管辖问题始终是讨论的焦点。

公约在讨论并在制定的几个草案中一开始在消费合同管辖问题上借鉴《卢加诺公约》的规定,确立了消费者原地管辖原则,但与《布鲁塞尔条例》有区别,主要是其仍坚持消费者在其住所地采取"必要步骤"作为适用原地管辖的条件之一。这一规定使电子商务中的消费者无以适从,因为在互联网环境下,消费者进行交易时其自身真实所在地很难确认,在目前技术条件下无从判断消费者是否采取了必要步骤。其后,草案摒弃了过时的"消费者采取必要步骤"的要求,而主要根据商家将其商业活动指向消费者惯常居住地国,使消费者惯常居住地国享有管辖权。而且还规定,如果商家一方能够证明它采取了合理步骤避免同惯常居住地在某国的消费者缔结合同,则商家行为不被看作指向该国。此项建议试图保护那些采取一定措施来避免受某特定国家管辖的商家。因为在商务实践中,已有企业通过网站声明其将不与某一国家居民进行交易,所以根据这一规定,此类企业将不接受网站声明地区法院的管辖。